염선재 순천김씨의 삶과 절행

염선재 순천김씨의 삶과 절행

한기범 지음

누마루

염선재가 살았던 사계고택(沙溪古宅) 전경

사계고택(沙溪古宅) : 은농재(隱農齋, 위)와 잠소실(潛昭室, 아래)

염선재의 부군, 사계(김장생)와 사계영당

염선재(念先齋) 전경

염선재(念先齋 : 염선재 김씨부인의 재실)

효열문(孝烈門)

잠소사(潛昭祠 : 염선재의 사당)

숭열문(崇烈門)

증 정부인(贈貞夫人) 교지

염선재 정려각(旌閭閣)

염선재 정려(旌閭)(前/後)

염선재(정부인 순천김씨)의 묘

염선재 묘비와 석물

목차(目次)

책머리에 | 한기범 (한남대학교 명예교수) **18**

Ⅰ. 염선재의 선계(先系)
1. 순천김씨의 연원과 염선재의 선대 가계 **26**
2. 염선재의 7대조, 절재 김종서 **32**
3. 계유정난(1453) 후 절재의 후손들 **47**

Ⅱ. 염선재의 생장과 혼인
1. 염선재의 출생과 어린 시절 **64**
2. 사계 김장생의 계배(繼配)가 되다 **68**

Ⅲ. 염선재의 가족과 가정생활
1. 염선재의 부군, 사계 김장생 **74**
2. 부군을 위한 조용한 내조 **96**
3. 8남매의 어머니, 염선재 순천김씨 **101**

Ⅳ. 부군의 죽음과 염선재의 절사(節死)
1. 부군(夫君)의 죽음 **106**
2. 삼년상(三年喪)을 마친 후 단식으로 절사(節死)하다 **107**
3. 염선재의 절사가 지니는 의미 **112**

V. 사계의 아홉 아들
1. 아홉 아들들의 형제적 우애 **122**
2. 염선재 소생의 여섯 아들 **126**

VI. 염선재의 절행(節行)에 대한 후대인의 현창
1. 염선재의 신후문자(身後文字) **148**
2. 재실 '염선재(念先齋)'의 건립 **149**
3. 1906년 정부인(貞夫人)의 칙명 교지 **150**
4. 『잠소록(潛昭錄)』의 간행과 정려 **166**
5. 잠소사(潛昭祠)의 건립 **173**

책말미에 **176**

부록 **181**
사계고택 주련(沙溪古宅 柱聯)
창녕 성선생 유허비(김비(金棐)의 글씨)
『양성당제영(養性堂題詠)』(김비(金棐)의 글씨첩)
『잠소록(潛昭錄)』 서문

찾아보기 **198**

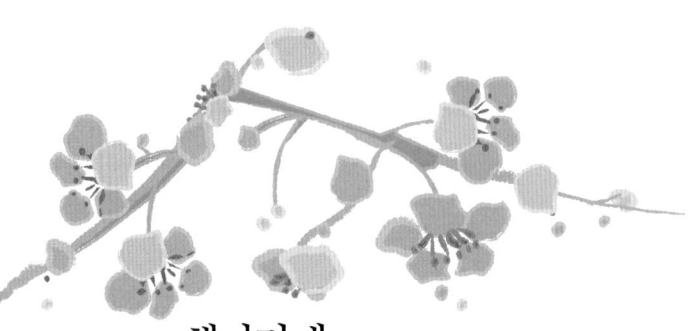

책머리에

　조선 사회는 유교 이념, 특히 성리학적 사고가 지배한 사회였다. 성리학은 기본적으로 의리(義理)와 명분(名分)을 중시하고, 현실적으로 계층적 신분제를 인정하면서, 명실(名實)이 일치하는 사회를 이상으로 삼고 있었다.

　그러나 양반층의 사람들이라 하더라도 이러한 명분 사회의 틀 속에서 안주하는 사람들이 있었는가 하면, 그 틀에서 억지로 이탈되어 고난을 당한 사람들도 적지 않았다. 특히 그것이 반역(叛逆)과 같은 특정의 정치적 사건으로 왜곡된 것일 경우, 그 피해는 치명적이었고 관련자들이 감내해야 할 고통의 기간은 대를 이어 수십 수백 년을 헤아리기도 했다. 이 책의 주인공인 염선재 순천김씨(念先齋 順天金氏 : 1572~1633)[1]도 그런 고통과 회한을 안고

---

1) 염선재 순천김씨는 사계 김장생(1548~1631)의 계배(繼配)이다. 당호(집 이름)로서의 염선재(念先齋)는 순천김씨의 재실 이름이며, 충남 계룡시 두마면 사계로 122-4에 위치하고 있다. 이곳 두계(豆溪)는 광산김문의 세거지의 하나로 만년에 사계가 순천김씨와 함께 살았던 사계고택(沙溪古宅)이 있는 유서 깊은 곳이다.

살아야 했던 인물 중의 한 사람이었다.

염선재2)는 단종대에 좌의정을 역임한 절재 김종서(節齋 金宗瑞 : 1383~1453)의 7대 손녀이다. 김종서는 세종대에 6진 개척으로 북쪽의 영토 확장에 크게 기여하였으나, 단종대에 수양대군의 정치적 야욕으로부터 단종을 지키려다 수양대군과 대립되어 계유정난(1453)으로 반역의 누명을 쓰고 죽임을 당하였다. 이때 그의 직계 3대는 거의 몰살되는 참극을 당하였는데 다행히 일점혈육이 구사일생으로 살아남아 혈통을 유지하게 되었다. 이후 그의 후손들은 신분을 감추고 음지에서 근근이 생존을 유지하여야 했다. 염선재 순천김씨의 친정 가계가 바로 그들이었다.

17세가 되었을 때 염선재는 기호학맥의 적전으로서 후일 서인계 산림의 종장이 된 사계 김장생의 계배(繼配)로서의 새로운 삶을 시작한다.3) 이때 마침 사계는 첫 부인 조씨의 상을 당하여 막 3년상을 끝내고 있던 때였다.4) 염선재는 그의 조상인 절재 김종서의 신원(伸寃 : 억울함을 밝혀 원통함과 부끄러움을 씻어버림)을 위하여 신분을 감추고 명문대가인 사계가문에 시집 온 것이었다. 2년

---

2) '순천김씨'는 한 개인에 대한 칭이 될 수도 있지만, 그것은 또한 한 가문의 대명사일 수 있으므로, 본고에서는 혼선을 피하기 위하여 김씨부인을 그의 재실 이름을 따서 '염선재'로 칭하여 구분하고자 한다. 염선재는 '선조를 생각하는 집(또는 그 사람)'이라는 의미를 함유하여 염선재 김씨의 생애에 꼭 맞는 이름으로 생각된다.
3) 『光山金氏良簡公派譜』(2010년 간행본) 권4, 김장생 조 참조.
『光山金氏判軍器監事公派譜』 권4, 김장생 조 참조.
4) 이때 김장생의 나이는 41세(1588년)였다. 당시 사계의 슬하에는 3명의 아들이 있었으니 은(檃)과 집(集)과 반(槃)이 그들이다. 당시 집의 나이는 15세였고, 반의 나이는 겨우 9세에 불과하였다. 돌보아 줄 어머니의 손길이 아직 필요한 시점이었던 것이다.

후 장자 영(榮)이 태어나자 염선재는 이 사실을 사계에게 고백하였고, 사계는 부인의 비원을 이해하고 절재 김종서의 명예 회복의 당위성에 공감하였다. 그러나 여건이 성숙되지를 못하여 끝내 조정에 그 뜻을 상주하지 못하고 죽었고, 김씨부인은 이것을 한탄하며 단식으로 자진(自盡)하여 절사(節死)하였다. 그러나 그것은 부군이 죽으니 따라 죽은 단순한 절사가 아니었다. 그것은 억울하게 누명을 쓰고 죽어간 7대 선조 절재 김종서의 신원(伸寃)이 이뤄지지 못함을 한탄하여 스스로 선택한 효열(孝烈)의 죽음이었다.

한 편의 드라마와 같은 이러한 순천김씨의 생애에는 그 속에 조선시대의 비정한 정치사가 담겨 있고, 조작된 역적의 후손으로 살아가야 했던 몰락한 가문의 한 여성의 한(恨)과 설원(雪寃)의 염원이 담겨 있다. 그리고 거기에는 또한 양반가 여성의 생활사의 일면이 생생하게 담겨 있고, 특히 조선 여성의 출중한 효열(孝烈)과 의리의 정신이 배어 있다.

이러한 염선재 순천김씨에 대한 학술적 연구는 아직 일천하다. 필자는 지난 2010년 대전광역시청 강당에서 열린 제1회 문중문화 학술대회에서 <염선재 순천김씨의 생애와 효열정신>이라는 주제로 발표하였는데, 그것은 염선재의 생애와 정신에 대한 최초의 학술발표였다.[5] 이후 지금까지 염선재 순천김씨에 대한 학술적 연구는 아직 더 발표된 바가 없는 것 같고, 문중에도 『잠소록(潛昭錄)』[6]과 족보(族譜)[7] 이외에는 남겨진 관련 자료가 거의 없는 실정

---

5) 한기범, 「염선재 순천김씨의 생애와 효열정신」, 『사계 신독재의 학문과 광산김문』, 한국문중문화연구원, 2010.
6) 『잠소록』은 한적본 100쪽(옛 책 50쪽) 분량의 2권 1책 필사본이다. 상하 양

이다.

  필자는 지난 2014년에 광산김씨 문원공파 염선재 종중의 의뢰를 받아 『증 정부인 염선재 순천김씨 실기』라는 제목의 단행본을 간행하였다. 이 책은 이미 발표된 필자의 연구를 기반으로 하여, 약간의 내용을 보완하는 정도를 크게 벗어나지 못하였다. 그러나 염선재와 그의 삶을 보다 폭넓게 이해하기 위해서는 염선재의 가계적 배경을 보다 다각적으로 조명할 필요가 있다고 생각되었다. 그리하여 그 책에 본가인 순천김씨의 세계, 특히 절재 김종서(염선재의 7대조)의 절사와 계유정난 이후 그 후손들의 실상에 대한 연구를 추가하였고, 또한 부군인 광산김씨 사계 김장생의 생애와 사계의 아홉 아들들(이중 여섯 아들은 염선재의 소생이다)에 대해서도 간략한 정리를 덧붙였다. 전자는 염선재 절사의 '연원적 배경에 대한 이해'를 위한 것이고, 후자는 염선재의 출중한 부덕 및 공덕에 대한 이해와 함께 그 절사의 '혼인 후 배경에 대한 이해'를 위한 것이라 할 수 있다. 그리고 염선재 절사의 실제와 성격 및 염선재에 대한 후대인의 현창에 대해서도 보다 상세하게 재정리하였다. 그리고 부록에는 염선재의 일대기인 『잠소록(潛昭錄)』의 서문(序文)을 영인하여 번역문과 함께 첨부하고, 또 염선재의 막내아들 김비의 글씨첩인 『양성당제영』(일부)과 그의 글씨로 된 「성삼

  권으로 되어 있는데, 상권은 서문, 유사, 묘지문(2), 가장, 묘갈명, 상언(2), 연품[大臣 閔泳奎 筵稟], 칙명 교지, 焚黃告由文, 축문, 입석 고유문, 묘제문으로 되어 있고, 하권은 전(傳), 송(頌)을 유형별로 수록하고 있으며, 말미에는 효열록(孝烈錄) 및 발문(跋文)을 담고 있다.
7) 『순천김씨 지평공파보』(1983년 증보판).
  『광산김씨 판군기감사공파보』 권4, 회상사, 2003.

문유허비」의 사진 자료를 소개하여 아들들을 훌륭하게 키운 염선재의 숨은 공의 일단을 드러내고자 하였다.

아! 오늘의 우리 사회는 개인주의와 물질주의가 팽배하여 전통적 가치와 도리가 온통 무너지고 있다는 탄식이 그치지 않고 있다. 이런 때에 염선재 순천김씨의 살신성인(殺身成仁)한 효열(孝烈)의 일대기를 세상에 내놓는 것은 참으로 어두운 밤을 밝히는 한 줄기 청신한 불빛을 동반하는 것이니 이것이 어찌 다만 한 문중사의 일이라 할 것인가? 오늘의 우리가 지난 시대의 출중한 절행(節行)을 발굴하여 이 시대의 거울로 삼고자 한다면, 이 염선재의 일대기는 충분히 한 시대의 귀감이 될 수 있는 이야기요 정신인 것이다.

이번에 간행하는 보급판은 2014년에 간행한 앞의 책자의 일부이다. 그 책자에는 <부록>으로 염선재의 일대기인 『잠소록』의 원문과 번역문이 수록되어 있었으나, 이번에는 대중적 보급을 위하여 원문 부록을 제외하고 본문만을 재편집하여 신국판 한 권으로 엮었다. 앞의 책자가 간행된 지 2년이 되면서 책이 절판되어, 이 책을 새로 구입하고자 하는 독자들의 요청에 부응하고, 또 여선비로 추앙되는 염선재의 독실한 절행(節行)을 더 널리 알리기 위하여 보급판으로 간행하게 된 것이다.

이번 보급판의 간행에는 광산김씨 문원공(사계 김장생)파 염선재 종중과 순천김씨 지평공 종중(절재 김종서 종중)의 지원과 배려가 있었다. 염선재 종중의 김기중 전 도유사는 "옛 사람이 '선조의 미덕이 있는데도 찾지 못하고 알지 못하면 후손으로서 불명(不明)·불인(不仁)한 것이라 했다." 하면서 이 일을 도왔고, 순천김씨 지평공 종중의 김상대 도유사는 "염선재는 반역 누명을 쓰고 절사한 절재(김종서) 선조의 설원(雪冤)을 이루지 못한 것을 한탄하여 단식으로써 절사한 의리의 여군자(女君子)"라 하며, 이 일을 도왔다. 양가 후손들의 선조를 기리고 빛내려는 그 지극한 정성이 고맙다. 필자는 이번 보급판을 내면서도 이 일을 처음으로 시작하고 애쓰시던 고 은석 김용승 도유사의 뜨거운 정열과 염원이 그립다. 이번 보급판의 간행 역시 은석공의 생시 염원의 한 결실이라고 생각된다.

이 책이 염선재의 덕행과 정신을 길이 기리고자 하는 문중적 염원을 돕고, 나아가서 '의리(義理)가 구현되는 세상'을 추구하는 선한 사람들의 바람에 작은 도움이라도 될 수 있기를 기대하는 바이다.

I. 염선재의 선계(先系)

1. 순천김씨의 연원과 염선재의 선대 가계
2. 염선재의 7대조, 절재 김종서
3. 계유정난(1453) 후 절재의 후손들

1. 순천김씨의 연원과 염선재의 선대 가계

1) 순천김씨의 연원

순천김씨는 전라남도 순천(順天)을 본관으로 하는 성씨로 시조는 김총(金摠)이다. 김총은 신라의 왕손으로, 신라 헌안왕 때 인가별감(仁駕別監)으로서 인정(仁政)과 외구(外寇) 정벌에 큰 공을 세워 평양군(平陽君 : 평양은 순천의 옛 지명)에 봉해졌고, 그 후손들이 이곳에 세거함으로써 본관을 삼게 되었다. 시조묘는 현재 전라남도 순천시 주암면 창촌(倉村)에 있다.

이후 순천김씨는 김태영(金台泳)과 김윤인(金允仁)을 각각 원조(遠祖)로 하는 두 개의 파로 크게 나눠진다. 20세(世) 김태영은 좌의정을 지낸 김종서(1383~1453)의 조부이고, 19세(世) 김윤인은 평양부원군[1]에 봉해진 김승주(1354~1424)의 증조이다. 이후 이들의 후손들은 다시 분파하여 중시조로서 묵재공파(김종한, 22世), 절재공파(김종서, 22世), 전서공파(김을재, 22世), 양경공파(김승주, 22世)로 대분되고, 양경공파가 다시 9개 파로 세분되어 총 12개 지파로 구성되어 있다.

<표1>에는 따로 명기되어 있지 않지만, 12지파 중에는 김종서

---

[1] 『조선왕조실록』의 「김승주 졸기」에는 그가 '崇祿'에 올랐다고 되어 있고 최후의 직함이 判中軍都摠制府事와 平陽府院君으로 되어 있다. 그러나 『順天金氏世蹟總覽』에는 封君祖와 相臣祖에 모두 '대광보국숭록대부 의정부 좌의정'으로 명기되어 있다. 이는 『증보문헌비고』에 근거한 것이라 한다. 여기서는 『조선왕조실록』의 기사에 의하여 평양부원군으로 표기해 두기로 한다.

의 상대 계보로 중종중(中宗中)인 지평공파(持平公派) 종중이 있다. 지평공파 종중은 절재 김종서 계열의 절재공파(節齋公派)와 그 형인 김종한 계열의 묵재공파(默齋公派)로 구성된 종중이다. 뒤에서 상술하겠지만 이 지평공파의 중시조가 바로 순천김씨의 공주 입향조인 김태영(金台泳)이다.

순천김씨의 대표적 인물로는 조선 태종 때 병조판서를 거쳐 판중군도총제·평양군(平陽君)에 오른 김승주와 단종 때 좌의정을 지낸 절재 김종서(金宗瑞, 1383~1453), 이 무렵 이조판서를 지낸 묵재 김종한(金宗漢 : 김종서의 형)과 임진왜란 때 신립과 함께 왜적을 방어하다가 장렬하게 전사하여 후에 영의정에 증직된 김여물(金汝岉, 1548~1592), 그리고 1623년 인조반정을 주도하여 정사1등공신이 된 승평부원군 북저(北渚) 김류(金瑬, 1571~1648) 등이 주요 인물로 꼽힌다. 김류는 송익필과 김장생의 문인으로 인조반정 후 서인계 공서파의 대표로서 인조대 초중반의 정치를 주도하였다.

『순천김씨세적총람』에 의하면, 시조묘는 전남 승주(주암면 주암리)에 있고, 김종서의 묘는 충남 공주(장기면 대교리)에, 김종한의 묘는 충남 금산(부리면 도파리)에 있다. 또한 김여물과 김류의 묘는 경기도 안산(단원구 와동)에 있다. 순천김씨의 주요 세거지를 알게 하는 지표들이다.

<표1> 순천김씨 세계도[2]

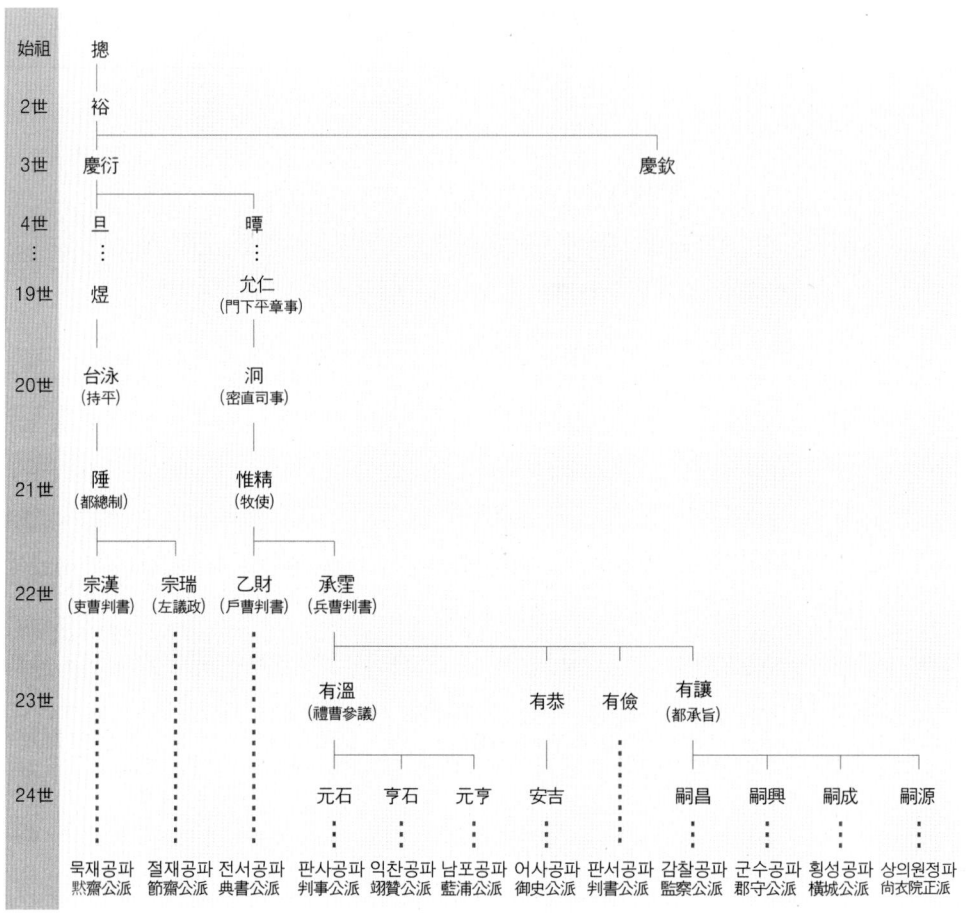

---

2) 『順天金氏大同譜』(甲申譜).
   『順天金氏持平公派譜』(全).

2) 염선재 김씨의 선대 가계

염선재 김씨부인은 단종 때 좌의정을 지낸 절재(節齋) 김종서(金宗瑞)의 7대 손녀이다. 염선재의 가계(家系)에서 주목되는 것은 절재 김종서의 조부 이후의 직계이다. 김종서의 상대 파계는 지평공파이며, 지평공은 곧 김종서의 조부 김태영이다. 지평공으로부터 염선재 김씨부인에 이르는 가계를 도표화 해보면 대개 다음의 <표 2>와 같다.

지평공파의 파시조인 김태영3)은 문과 출신으로 지평(持平, 정5품)을 역임하였고, 후에 자헌대부 병조판서와 좌찬성에 증직된 인물이다. 그는 시조 총(摠)으로부터는 20세(世)가 되며, 순천김씨의 공주 입향조(入鄕祖)가 된다.

김태영이 어떤 연유로 공주(公州)에 입향하였는지는 분명하지 않다. 문중의 전언으로는 공주 요당이 순천에서 서울로 오가는 길목의 중간에 위치하여 편의상 이곳에 집을 마련한 것이라고 한다. 그러나 김태영의 배위(선산김씨)의 외조가 전의이씨 이자화(李子華)라는 점을 고려하면 그것이 그의 공주 입향 동기가 되었을 가능성도 없지 않다. 『세종실록지리지』에 의하면 이씨(李氏)는 유씨(兪氏)와 함께 당시 전의(全義)의 토성(土姓)이었다. 여말 선초의 혼인 관행은 대개 남귀여가혼(男歸女家婚 : 남자가 여자집으로 가서 혼인하고 거기서 거주하는 혼인양태)의 형태를 취하였던 점에 근거

---

3) 김태영의 묘소는 공주 요당면 율곡리(지금의 세종특별자치시 장군면 대교리) 후록에 있다. 부인 증 정부인 선산김씨의 묘와 합폄되어 있다.

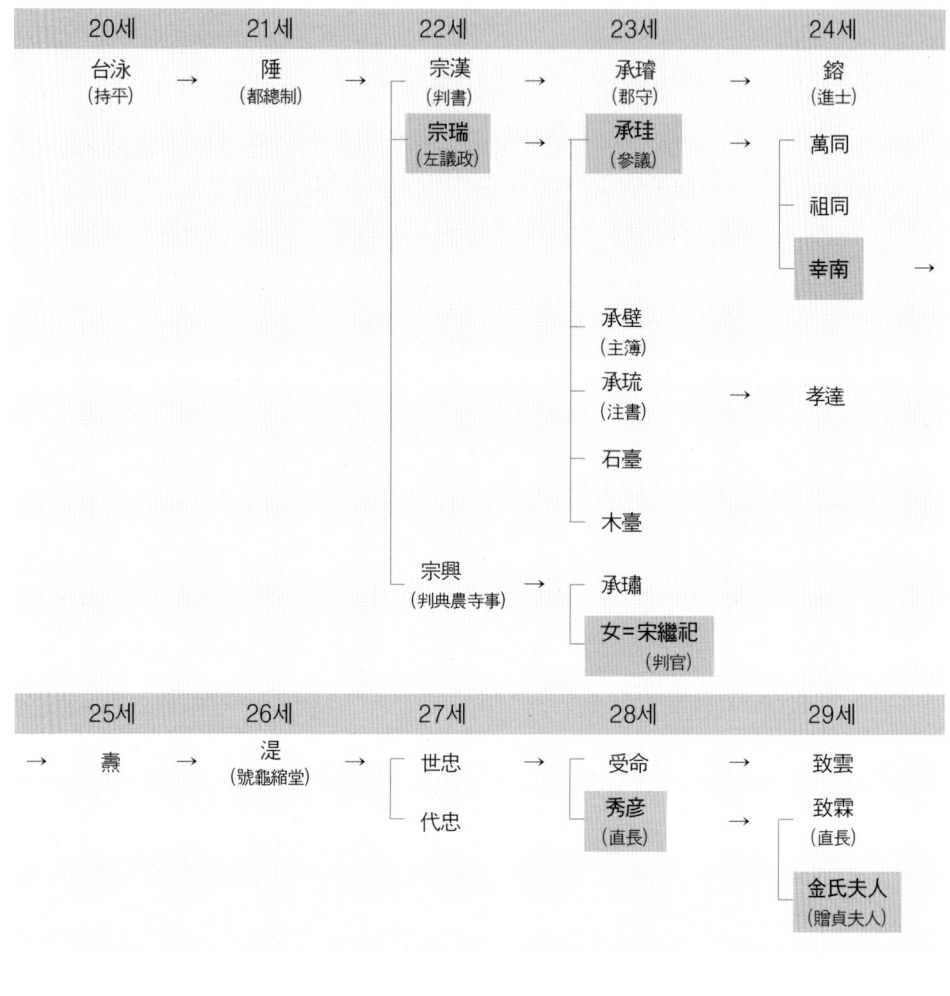

〈표2〉 순천김씨 지평공파(절재공 계열) 가계도[4]

---

4) 『順天金氏持平公派譜』(全).

해 보면, 선산김씨(김태영의 배위)의 아버지가 처가를 따라 전의에 입향하여 전의 사람이 되었고, 또 김태영이 처가를 따라 전의에 인접한 공주 요당에 입향했을 가능성이 없지 않다는 것이다. 이러한 추정은 실제로 계유정난(1453) 때 김승벽(김종서의 차남)이 청주 공주 전의 등지로 피신하였고, 특히 전의의 이로(李老)의 집으로 피신하였다는 기사5) 등이 방증 자료가 될 수 있다.6)

김종서의 아버지 도총제 김수(金陲)는 아들 3형제를 두었다. 장자 종한(宗漢)은 이조판서에 올랐고, 차자 종서(宗瑞)는 좌의정에 올랐으며, 3자 종흥(宗興)은 판전농시사를 역임하는 등 순천김씨는 이때에 이르러 가문이 크게 번창하였다. 그리고 종한(묵재공파)의 아들 승선은 옥천군수였고, 종서(절재공파)의 아들 세 명 중 장자 승규는 병조참의, 차자 승벽은 종부시 주부였고, 3자 승유는 승정원 주서였다. 또한 김수의 3자인 종흥은 1남 2녀를 두었는데 장남은 무후하였고, 장녀서(長女婿 : 맏사위)는 송계사(宋繼祀), 차녀서는 이계우였다.7) 송계사는 회덕의 처사 쌍청당(雙淸堂) 송유(宋愉)의 장자이다. 후일 계유정난 때 김승규의 3남(말동, 후에 幸南으로 개명)이 유모에게 업혀 '고모댁'으로 갔다는 기사는 바로 이 회덕의 고모(송계사의 처, 김종서의 질녀)를 지칭한 것으로 보인다.

---

5) 『단종실록』 8권, 단종 1년(1453) 10월 16일(기해).
6) 임선빈, 「절재 김종서와 공주」, 『절재 김종서의 재조명』, 충남역사문화연구소, 2001 참조.
7) 順天金氏持平公派譜』(全) 및 『恩津宋氏譜』(丁亥大譜).

2. 염선재의 7대조, 절재 김종서

절재의 출생과 생거지 유허

김종서(1383~1453)의 자는 국경(國卿), 호는 절재(節齋), 시호는 충익(忠翼)이며, 본관은 순천(順天)이다. 1383년(고려 우왕 9) 무관인 아버지 도총제 김수(金陲)와 어머니 성주배씨 사이에서 3남 1녀 중 둘째 아들로 태어났다. 그가 태어난 곳은 조부 김태영이 공주에 입향한 마을인 공주시 의당면 월곡리인 것으로 알려져 있다.

현재 의당면 월곡리 138-2번지에는 김종서의 유허지가 보존되고 있고, 거기에는 '충익공 절재 김종서장군 유허비'가 세워져 있다. 이전에 이곳에는 김종서 황보인 정분을 제향하던 요당서사가 세워져 있기도 했다 한다.

김종서 유허지

김종서 유허비

벼슬길에 올라 6진을 개척하다

김종서는 23세가 되던 1405년(태종 5) 문과에 급제한 후, 여러 벼슬을 거쳐 1419년(세종 1) 사간원 우정언(右正言)이 되었고, 이어서 지평(持平)·집의(執義) 등을 지냈다. 1430년(세종 12) 그는 우대언(右代言), 곧 후일의 우승지(右承旨)에 올라 세종을 측근에서 모시게 되었다. 이때 김종서는 수시로 북변을 어지럽히는 여진족을 무력으로 쳐서 북쪽 국경을 압록강과 두만강으로 확정하자는 북진정책을 여러 차례 제시하였다. 그때 마침 세종대왕은 '우리 조종의 땅을 단 한 치도 줄일 수 없다.'는 결연한 의지를 가지고 있었으므로, 이때 이들 군신간의 북벌(北伐) 의지는 더욱 확고해져 갔다.

1433년(세종 15) 때마침 북변의 회령 땅에 우리 조정의 허락을 받아 들어와 살던 오랑캐 오도리족의 추장 부자가 다른 오랑캐인 우데께족의 침입을 받고 살해당하는 일이 발생하였다. 이에 세종은 이것을 조선이 북변을 확장할 수 있는 절호의 기회라고 인식하여 평소 북벌의지가 강하였던 좌승지 김종서를 함길도도관찰사로 임명하였다. 김종서의 나이 51세 때의 일이었다.

이 해에 도관찰사로 북변에 나간 김종서는 두만강과 압록강 일대에 출몰하는 여진족들의 침입을 격퇴하고 점차적으로 6진(鎭)을 설치하여 북쪽 끝의 두만강을 경계로 국경선을 확장하였다. 김종서는 1435년 함길도 병마도절제사(咸吉道兵馬都節制使)를 겸직하면서 확장된 영토에 조선인을 이주하게 하여 정착시켰고 북방의 경계와 수비를 6년간이나 도맡았다. 또한 여진족들의 정세를 탐지하여 보고하고, 그에 대한 대비로 비변책을 지어 건의하기도 하였다.

거칠 것 없는 장군의 기상

이 무렵에 지은 것으로 보이는 다음의 시조는 당시 '장군 김종서'의 거칠 것 없는 웅혼한 기상이 돋보인다.

> 삭풍은 나무 끝에 불고
> 명월은 눈 속에 찬데
> 만리변성에 일장검 짚고 서서
> 긴파람 큰 한 소리에 거칠 것이 없어라

1436년 김종서는 부거성을 용성으로 옮겨 도호부로 삼았다. 그리고 다음해 가을에 야인을 징벌할 것을 조정에 건의하면서 조선이 야인을 어떻게 상대하여야 할 것인지에 대해서 다음과 같이 말하였다.

> 유자(儒者)들은 모두 말하기를 이적(夷狄)을 대하는 방법은 오면 어루만지고 가면 곧 추격하지 않아서 원수를 맺지 않고 틈을 내지 않는다고 합니다. 또 이르기를 화친(和親)이 귀하니 이 계책을 얻는 자는 편안하고 이 계책을 잃은 자는 위태롭다 합니다. 신(臣)도 또한 평소에는 항상 이렇게 말하였을 뿐입니다. 그런데 신이 북쪽 가에 나와 지키면서 야인(野人)들과 뒤섞여 더불어 살며 눈으로 보고 귀로 들어 그 정상을 자세히 알게 되니 야인은 천태만상(千態萬象)인지라 한 가지 논리만을 고집할 수는 없습니다. 은혜(恩惠)가 없으면 그 마음을 기쁘게 할 수가

없고, 위엄(威嚴)이 없으면 그 뜻을 두렵게 할 수가 없으며, 은혜가 과하면 교만하고 위엄이 과하면 원망합니다. 그러나 원망해서 난을 일으키는 자는 위엄을 두려워해서 혹시 감히 움직이지 못하기도 하지만, 교만해서 걱정거리가 되는 자들은 경멸하여 더욱 그 해독을 펼치니 은혜와 위엄은 한쪽만 폐할 수가 없습니다.

이것은 김종서가 북변을 괴롭히는 야인을 어떻게 상대하여야 할 것인지에 대한 그간의 조선 유자(儒者)들의 통념이 그릇된 것이었음을 지적하고 그 대처 방법을 제시한 것이다. 이것은 탁상공론이 아니라 그가 직접 국경 현지에서 생활하며 경험으로 얻어낸, 북방에 대한 생생한 대처 요법이었던 것이다.

그리하여 그가 55세 되는 1437년경에 이르면 6진을 중심으로 북변이 안정되고 주변의 야인들도 두만강 밖에 정착하면서 김종서의 보호를 자청하는 데에 이르게 되었다. 그리고 이듬해에는 조정이 그에게 종2품인 가정대부(嘉靖大夫)를 주어 대신(大臣)의 반열에 오르게 되었다. 그는 세종의 명으로 중앙의 관직을 가지면서도 변방의 일을 겸직으로 맡아 중앙 조정에 상당한 영향력을 가진 대신으로 역할하였다.

다음의 그의 시조는 아마도 이 무렵에 지어진 것이 아닌가 한다.

  장백산에 깃대를 꽂고 두만강에 말을 씻는다
  썩은 저 선비야 우리 아니 사나이냐
  어떻다 능연각(凌煙閣) 위에 뉘 얼굴을 그릴꼬

국경의 산하를 장악하고 호기에 넘쳤을 장군 김종서를 떠올리게 된다. 여기서의 능연각은 당나라 태종 때 공신들의 초상화를 걸어 두었던 집이다. 조정을 돌아보면 썩은 선비가 즐비하다. 그들에게 남아답게 잘 살고 공을 세워 능연각에 자신들의 초상화를 올려 보라고 이르고 싶은 것이다.

효(孝)가 먼저인가 충(忠)이 먼저인가

그 사이에 김종서는 병이 깊은 어머니의 간병을 위해 급히 귀가한 적이 있었다. 그러나 어머니는 한사코 '국가에 충성을 다하는 것이 부모에게 효도하는 길'이라며 그가 임지로 돌아갈 것을 강권하였다. 그리하여 어머니의 명에 따라 부득이 임지로 돌아왔지만 바로 다음 해 정월 그는 어머니의 부고(訃告)를 받아야 했다. 그는 어머니의 상례에 참여했지만 '100일로 탈상하고 귀임하라.'는 왕명을 따라 삼년상도 지키지 못하고 다시 북방으로 돌아갔다.

전통시대에는 상(喪)을 당한 사람이 상기(喪期) 전에 다시 직무로 돌아가는 것을 '기복(起復)'이라 했다. 자식이 부모의 상(喪)에 3년 상복을 입고 상기를 지키는 것은 유교국가의 관인유자(官人儒者)로서는 마땅히 지켜야 할 효행(孝行)으로 인식되었다. 그러나 다른 한 편으로 국가가 위태로울 때 장수가 효행을 계속 실천하지 못하고 공무에 복귀하는 것은 또한 나라를 위한 충행(忠行)으로 인식되기도 했다. 충효(忠孝)의 도리는 이렇게 '가(家)의 논리'와 '국(國)의 논리'로서 상호 대립되기도 했다. 그러나 조선사회에서는 비상시에 충효(忠孝)의 도리가 서로 충돌할 경우 사적인 효(孝)보다는 공적인 충(忠)을 앞세우는 것을 미덕으로 여겼다. 김종서의 충행(忠行)은 그러한 예행의 모범이 된다. 김종서는 3년 후인 어머니 대상(大祥) 때에도 왕의 허락을 받지 못하여 집으로 돌아가 상례를 마칠 수가 없었다. 김종서의 나라를 위한 헌신은 참으로 평생토록 이와 같았다.

몽유도원도에 붙인 김종서의 제화시

변방의 6진 개척을 성공적으로 이뤄낸 후, 1440년(세종 22) 중앙 조정으로 돌아온 김종서는 형조판서로 승진하고, 예조판서·우참찬을 역임하였다. 그는 북방의 대호로 군림하였지만 중앙 조정에 들어와서는 또한 고급 관료로서의 역할이나 문인적 역할에서도 두각을 드러내었다.

이 무렵 김종서는 변방수호와 개척의 짐을 벗고 조금은 여유 있는 삶을 즐길 수 있었던 것 같다. 하루는 절재와 가까웠던 안평대군(安平大君)이 평소 마음이 통하는 박팽년 등 친구들과 함께 시를 지으며 즐기다가 깨고 보니 꿈이었다. 그리하여 그는 그 꿈에 본 도원(桃源)의 모습을 화원 안견(安堅)에게 말해주고 그것을 그리게 하여 이뤄진 그림이 곧 <몽유도원도(夢遊桃源圖)>(1447년, 세종 29)이다. 안견이 3일 만에 그린 천하 명작이다.

김종서의 가훈(家訓)

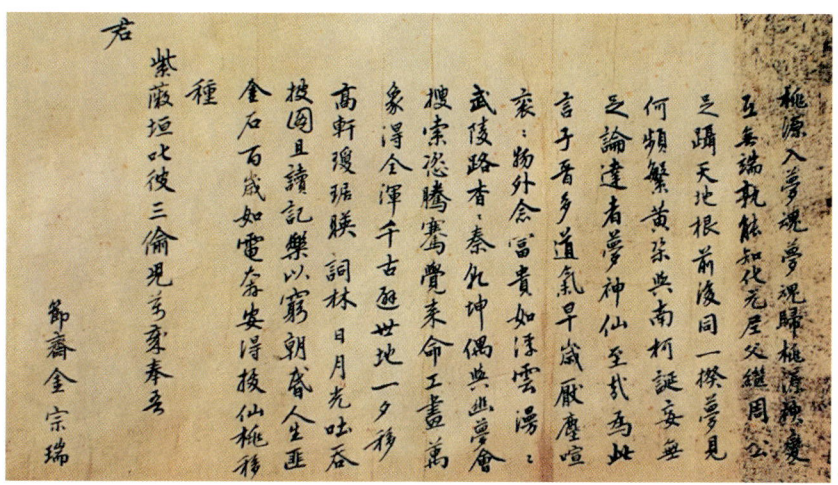

몽유도원도와 김종서의 제화시(친필)

 이 그림에 대한 제화시(題畵詩)의 서문과 발문은 박팽년이 지었다. 여기에는 23명이 참여하였는데 김종서와 정인지 같은 고급 관료는 물론 집현전 학사 출신들이 대거 참여했다. 대개는 후일 반세조운동의 핵심들이었다.

문무(文武) 겸전의 대호(大虎) 재상, 계유정난으로 쓰러지고 반역의 누명까지 쓰다

김종서는 이후 평안도도절제사를 거쳐 1450년 좌찬성으로 평안도도체찰사를 겸하였다. 좌찬성을 하면서 변방의 지방 사령관을 겸하게 된 것은 매우 이례적인 일로써, 당시의 조정이 그에게 거는 기대가 어떤 것이었는지를 충분히 짐작하게 한다.

그 사이에 그는 권제 등이 고친『고려사(高麗史)』가 잘못되었다 하여 왕명으로 개찬(改撰)하게 되자 춘추관지사(春秋館知事)로 총책임을 맡아 1451년『고려사』를 간행하였다. 그해에 그는 우의정에 올랐고, 이어서 1452년에는『세종실록』의 총재관(摠裁官)이 되어『고려사절요(高麗史節要)』의 편찬도 감수하여 간행하였다. 이렇게 그는 변방의 장수로서의 공적이 출중할 뿐만 아니라, 나라의 역사서 편찬에서도 능력을 발휘하여 문무를 겸전한 그의 재질을 충분히 드러내었다.

그러나 당시의 왕실과 중앙 조정은 안정되지 못하였다. 1452년 5월, 세종의 뒤를 이은 문종이 재위 2년 만에 죽자 김종서는 영의정 황보인(皇甫仁), 우의정 정분(鄭苯)과 함께 좌의정으로서 문종의 마지막 유명(遺命)을 받아 12세의 어린 단종(端宗)을 보필하였다. 그러나 단종의 숙부가 되는 수양대군은 국권이 김종서에게 집중되어 있다고 비판하면서 왕권을 회복한다는 명분을 내걸고 계유정난(1453년, 단종 1)을 일으켜서 이들 3정승을 모두 살해하고 권력을 장악하였다.

이때 김종서는 자기 집을 찾아온 수양대군을 만나고 있던 중

철퇴를 맞고 쓰러졌다. 장남 승규는 아버지를 호위하다가 그 자리에서 저들에게 가장 먼저 희생되었고, 김종서는 죽음을 모면하고 세력을 규합하여 저들에게 반격을 가할 기회가 있었지만, 먼저 나이 어린 단종의 안위를 걱정하여 대궐로 향하다가 결국은 수양대군의 세력에게 죽임을 당하고 말았다. 목숨이 경각에 달린 순간까지도 끝까지 충성을 다하려던 북방의 호랑이, 절재 김종서 대감은 이렇게 불의의 세력에 의하여 효시(梟示)를 당하였고, 대역모반죄(大逆謀叛罪)라는 억울한 누명까지 쓰게 되었다. 이후로 그의 형제들과 후손들은 반역자의 후손이 되어 숨어 살아야 했다.

순천김씨 족보에 의하면 이때 김종서의 형제들도 모두 화를 당하였다. 이조판서를 지낸 그의 형 김종한은 금산의 전도로 유배되었다가 거기 유배지에서 죽었고, 판전농시사를 지낸 동생 김종흥은 요동으로 도망하였으며, 김종서의 큰 조카인 옥천군수 김승선은 아버지(김종한)가 비명에 가고, 또한 단종이 왕좌에서 쫓겨나자 자결로써 절사하였다. 그 아픔과 고통은 대를 이어 누적될 수밖에 없었다.

절재 김종서 묘역

김종서의 묘소는 그의 생거지(공주시 의당면 월곡리)로부터 직선거리로 6㎞ 지점인 세종특별자치시 장군면 대교리 산 45번지에 위치하고 있다. 문중 전언에 의하면 절재는 16세 전후에 생거지 요당으로부터 이곳까지 걸어다니며 공부하였다 한다. 이 일원의 절재 문중 묘역은 약 18정보에 이른다.

절재의 묘는 현재 '김종서 장군 묘'라는 이름으로 '세종특별자치시 기념물 2호'로 지정되어 있다. 김종서의 묘가 이곳에 세워지게 된 데에는 다음의 4가지 설이 전하고 있다. 하나는 '김종서가 평소 아끼던 말이 김종서의 한쪽 다리를 물고 공주까지 와서 죽었다.'는 이른바 '한 다리' 전설이고,[8] 다른 하나는 둘째 아들 김승벽이 김종서의 시신을 말에 싣고 고향 공주로 와서 장사 지낸 후 도주했다는 것이며, 또 하나는 묘에는 사실상 장군의 의관(衣冠)을 묻은 것이라는 묘비의 기록이다. 마지막으로 또 하나는 문중에 전해지는 다음

세종특별자치시 장군면 대교리 전경

---

[8] 구전에 의하면, 이곳에 김종서 장군의 다리 하나가 묻혔다고 하여 '한 다리'라는 이름이 생겼고, 그것을 발음을 따라 한자로 표기하여 '大橋'가 되었으며, 다시 그것을 한자로 다르게 풀이한 것이 '한 가랑이', 즉 長岐가 되었다고 한다.

과 같은 이야기가 있다. 그것은 절재의 마지막 부인 설리(雪里 : 여진족 추장의 딸)9)의 눈물겨운 이야기이다. 설리는 미모가 출중한 여인이었다 한다. 계유정난 이후 설리는 세조의 은근한 유혹을 받고서 날짜를 받아서 청에 응하겠다고 하고는 집사 배용팔(裵容八)에게 서소문에 가서 효수형에 처해진 절재의 시신을 거두어 시골(공주)에 돌아가 평장하도록 하고, 일을 마쳤다는 보고를 받고는 황해도 천이사로 들어가 잠적해 버렸다 한다. 그 평장의 묘가 후에 봉분을 갖추어서 지금의 김종서 묘가 되었다는 이야기이다.

절재는 1746년(영조 22)에 관작이 회복되었고 1804년에 충신정려를 받았다.10) 현재 절재의 묘역에는 3기의 묘비가 세워져 있다. 그 중에서 가장 오래된 묘비는 1748년(영조 24)에 공주판관 이익진(李翼鎭)과 지방유생들에 의하여 세워진 조그마한 호패형 비석이다. 전면 대자가 '조선 좌의정 절재 김 선생 종서지묘(朝鮮左議政節齋金先生宗瑞之墓)'라고 쓰여진 이 비의 음기에는 '이곳이 원래 공의 가문의 세장지지(世葬之地)이고 그 당시까지 현지 주민들에 의해 공의 묘소라는 사실이 전해 내려 왔다.'고 기록되어 있다.

이후 1963년에는 후손들에 의하여 새로 묘비가 건립되었고, 2003년 종중의 헌금으로 다시 묘비를 세웠다. 1987년에는 묘소의 남쪽 약 100m 지점에 신도비(神道碑)를 건립하였다. 묘소 입구에는 정려각(旌閭閣)과 재실(齋室)이 있다. 정려각에는 김종서와 김승

---

9) 이 雪里의 아들들이 곧 석대와 목대이다.
10) 『순조실록』 6권, 순조 4년(1804) 2월 20일(경진).

규 부자의 충효 정려가 걸려
있었다 하나, 지금은 '김승규
의 효자정려'11)만 걸려 있다.
그리고 그 아래 재실에는 '율
리재(栗里齋)'라는 현판이 붙

김종서의 재실 율리재(栗里齋) 현판

어 있는데, 그 내부 벽면에 김종서의 충신정려가 걸려 있다. 이것은
원래 위의 정려각에 함께 걸려 있던 것인데 바람에 부딪혀서 현판
이 훼손되는 것을 막기 위하여 '절재의 정려'만 따로 재실에 보관
중이라 한다.

　한편 김종서의 묘에서 왼쪽으로 작은 골짜기 너머에 김종서의
부모와 조부모의 묘가 상하로 자리 잡고 있다. 순천김씨의 공주
입향조인 조부 김태영(金台泳)은 그 아들 김수의 묘와 함께 각각
둘레석이 방형(方形)의 석물로 된 봉분을 하고 있는데, 이것은 고
려 말 조선 초기의 묘제 양식을 하고 있어서 주목된다.12) 족보에
의하면 이 묘소들은 모두 예장(禮葬)을 한 것으로 기록되어 있
다.13)

---

11) 『영조실록』 66권, 영조 23년(1747) 11월 28일(갑인).
12) 오석민, 「박팽년관련 유적 현황과 관련유적」, 『취금헌 박팽년의 절의정신
　　과 문화유산 활용방안 학술발표회 논문집』, 세종문화원, 세종향토사연구
　　소, 2014 참조.
13) 『順天金氏持平公派譜』(全).

김종서 · 김승규의 충효정려

김종서의 충신정려(前/後)

I. 염선재의 선계(先系) | 45

김종서의 조부 김태영 묘소(뒤) 및 부친 김수의 묘(앞)

김종서의 조부 김태영 묘소

절재 김종서의 묘소

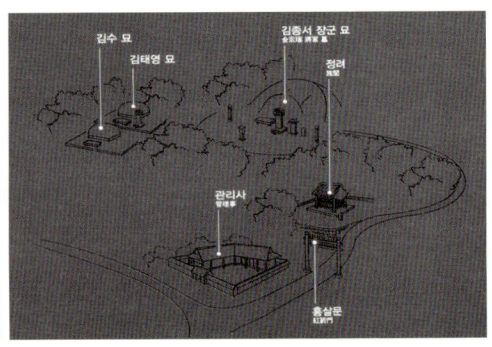
김종서 장군 묘역 부근 안내도

3. 계유정난(1453) 후 절재의 후손들

계유정난과 김종서 일가의 피화

조선은 건국으로부터 유교를 치국의 이념으로 삼았고, 유교는 기본적으로 종법(宗法)을 중시했다. 종법은 적장자 상속을 핵심으로 하는 친족 조직의 원리로써, 그것은 왕위 계승에서도 기본 원칙으로 인식되고 있었다.

그러나 세종의 차자인 수양대군은 형 문종이 왕위를 계승한 후 2년 만에 병으로 죽고, 12세의 어린 조카 단종이 새로 왕위에 오르자 왕권을 뺏고자 혈안이 되어 있었다. 그리하여 1453년(단종 1) 그는 사병을 동원하여 단종을 보위하던 중심세력인 좌의정 김종서를 유인하여 죽이고 그와 우익을 이루던 영의정 황보인, 우의정 정분 등도 모두 참살하였다. 이것이 이른바 계유정난(癸酉靖難)이다.

이 정난으로 인하여 절재 김종서가 죽고 그의 네 아들(승규, 승벽, 석대, 목대)과 그의 세 손자(승규의 아들 만동과 조동, 그리고 승벽의 아들 중남)들도 모두 처형되었다.14) 날조된 반역에 연루되어 김종서 집에서만 8명이 졸지에 목숨을 잃게 된 것이었다.

계유정난 중 김종서의 직계혈족의 피화 실태와 은둔하여 구사일생으로 살아남은 후손들의 세거지를 정리해 보면 대개 다음과 같다.

---

14) 『順天金氏忠翼公派譜』 권1, 「一門同禍錄」.

<표3> 김종서와 그 직계혈족의 피화(被禍)

22世(본인)	23世(아들)	24世(손자)	피화 내용	비고
김종서 (좌의정)			피화(화를 당함)	계유정난 익일 피살
	장남 김승규 (병조 참의)		피화(화를 당함)	계유정난 당일 피살
		김만동	피화(화를 당함)	
		김조동	피화(화를 당함)	
		*김말동(幸南)	구사일생(九死一生)	유모에 의해 무주에서 양육되다가 성장하여 위도로 들어감
	차남 김승벽 (주부)		피화(화를 당함)	
		김중남	피화(화를 당함)	
		김차동	피화(화를 당함)	
		*김삼동(澎)	도피 은둔	
	3남 김승유 (승정원 주서)		도피 은둔	
		*김효달	도피 은둔	
	4남 김석대		피화(화를 당함)	
	5남 김목대		피화(화를 당함)	

뿐만 아니라 김종서 집안의 여성들은 모두 노비의 신분이 되어 그들의 가해자였던 정난공신들의 집이나 관가의 종으로 끌려가는 아픔과 수모를 감내해야 했다.15) 다음의 실록 기사는 그 참상을

---

15) 김종서의 차남인 승벽의 세 아들(次同, 三同(澎), 四同)과 삼남인 승유 부자(승유와 효달)는 요행히 은둔하여 몸을 피하였으나 그들의 거친 고행의 길은 불을 보듯 뻔한 것이었다. 더구나 집안의 여성들의 수모와 고통은 더욱 심했다.

여실히 전하고 있다.

난신(亂臣)에 연좌된 부녀(婦女)를 대신들에게 나누어 주게 하다

　　의금부에 전지하기를, '난신(亂臣)에 연좌된 부녀 중에 … 박팽년(朴彭年)의 아내 옥금(玉今), 김승규(金承珪)의 아내 내은비(內隱非)·딸 내은금(內隱今)·첩의 딸 한금(閑今)은 영의정 정인지에게 주고, … 성삼문(成三問)의 아내 차산(次山)·딸 효옥(孝玉), 이승로(李承老)의 누이 자근아지(者斤阿只)는 운성 부원군 박종우(朴從愚)에게 주고, … 성삼고(成三顧)의 아내 사금(四今) 및 한 살 된 딸은 우찬성 정창손에게 주고, … 김승규(金承珪)의 딸 숙희(叔熙), 권저(權著)의 어미 보음미(甫音未)는 동지중추원사 강곤(康袞)에게 주고, 박계우(朴季愚)의 아내 소비(小非), 김승벽(金承璧)의 아내 효의(孝義)는 예조참판 홍윤성에게 주고, 유성원(柳誠源)의 아내 미치(未致)·딸 백대(百代), 이명민(李命敏)의 아내 맹비(孟非)는 좌승지 한명회에게 주고 ….”16)

〈표4〉 김종서 집안 여인들의 피화

피화자	아내	딸	수급자(공신)	비고
김승규	내은비		정인지(영의정)	세조 2년 9월에 시행
		내은금	상동	상동
		한금 (부실의 딸)	상동	상동
		숙희	강곤(동지중추원사)	상동
김승벽	효의		홍윤성(예조참판)	상동

---

16) 『세조실록』 5권, 세조 2년(1456) 9월 7일(갑술).

유모가 살려낸 승규의 아들 행남(幸南)

계유정난이 일어나던 그날, 김종서의 장자 승규는 수양대군의 일당이 아버지에게 내려지는 철퇴를 자기가 대신 막다가 그 자리에서 바로 절명하였다. 그러나 그런 와중에서도 승규의 3살 된 아들 행남(幸南)은 다행히 난을 피하여 목숨을 보전할 수 있었다. 유모가 아이를 업고 남쪽 송고댁(宋姑宅 : 송씨 고모댁)으로 내려가 몸을 피한 것이었다. 여기서의 송고댁은 김종서의 동생 김종흥의 장녀서(長女婿, 맏사위)인 회덕의 송계사 집이었을 것이다. 이에 대해서는 다음의 실록(實錄) 기사가 참고된다.

> 좌의정 홍치중이 말하기를, "김익량(金翼亮)17)의 일은 일찍이 선정신(先正臣) 김장생(金長生)과 송시열(宋時烈) 양가(兩家)의 말을 들어보건대, 김익량은 김종서(金宗瑞)의 자손임이 분명했습니다. 송시열의 5대 조부가 김종서의 질녀서(姪女婿 : 조카 사위)로 그때 3세의 아이를 숨겨주어 김종서의 뒤가 보존되게 했었는데, 곧 김익량의 선조(先祖)였습니다."18)

그런데 이 『조선왕조실록』 기사에 나오는 '송시열의 5대 조부가 김종서의 질녀서(맏사위)'라는 것은 송계사를 지칭한 것으로 보이는데 송계사의 처가 순천김씨 김종흥(김종서의 아우)의 딸이기 때

---

17) 여기서의 김익량은 염선재 순천김씨의 손자뻘이 된다.
18) 『영조실록』 10권, 영조 2년(1726) 8월 6일(을축).

문이다. 그렇다면 송계사는 송시열의 5대 조부가 아니라 7대 조부가 된다(『은진송씨보(恩津宋氏譜)』(정해대보) 참조). 이것은 후대 실록의 분명한 잘못된 기록이다.

<표5> 은진송씨 파계도(송시열・송준길 직계)

1세	2세	3세	4세	5세	6세	7세
大原 →	得珠 →	春卿 →	明誼 →	克己 →	愉 →	繼祀 →

8세	9세	10세	11세	12세	13세	14세
遙年 →	汝楫 →	世英 →	應瑞 →	爾昌 →	浚吉	
順年 →	汝諧 →	世良 →	龜壽 →	應期 →	甲祚 →	時烈

송계사(1407~?)는 회덕의 쌍청당 송유의 장자이다. 아버지 송유는 일찍이 벼슬에 올랐으나 태종이 신덕왕후 강씨를 종묘에 부의하지 않자 실망하여 벼슬을 버리고 낙향하여 회덕에 쌍청당(雙淸堂)을 짓고 청백한 삶을 즐기며 살았다. 세상에서는 그를 은덕불사(隱德不仕 : 덕을 감추고 벼슬에 나가지 않음)라고 평하였다.19) 박팽년은 그가 지은 「쌍청당기(雙淸堂記)」에서 '쌍청'을 '청풍명월(淸風明月)'로 풀이하고, 쌍청당 송유를 백이(伯夷)에 비유했다.20) 쌍청당은 당시 회덕을 대표할 만한 명사였고, 이 무렵 송계사도

---

19) 『懷德邑誌』(18세기 중엽).
20) 「雙淸堂記」(朴彭年 지음). 오늘날까지도 '淸風明月'은 충청도의 인심과 충청정신을 대표하는 상징적인 단어가 되고 있다. 그 연원이 어디인지에 대해서는 아직 정설이 없지만, 여기에 나오는 '회덕의 雙淸堂'은 그 연원의 하나라고 생각된다. 그것이 조선초기 節義의 상징인 박팽년에 의하여 자세히 설명되고 천명된 바이기 때문에 더 의미가 크다고 할 수 있다.

문과에 급제하여 벼슬이 주부(主簿)에 올라 있었으며, 당시 그 부인인 김씨부인(김종서의 조카 딸)은 재산을 수만금 모으고 있다고 하였다.21) 따라서 당시 송계사의 집은 유모가 믿고 찾아갈 만한 의지처였을 것이다.

쌍청당

그러나 회덕의 송씨 고모댁에서도 형세로 보아 이 아이를 오래 데리고 있을 수는 없는 노릇이었다. 그리하여 이 아이(절재의 장남인 김승규의 3남)는 다시 무주 친족의 집으로 보내졌는데, 이때 고모댁에서는 유모에게 김종서의 세계(世系) 1본과 김종서의 친필 수찰(手札 : 편지) 3장을 주면서 후일 이것을 징표로 삼으라 하였다. 무주로 내려간 행남은 얼마 후 부안의 앞바다에 있는 위도(蝟島)로 숨어 들어가 승평김씨(昇平金氏)로 변성명하고22) 몸을 피하였다.

행남의 아들 도(燾)가 은진에 정착하다

이후 행남은 여기서 성장하고 혼인하여 아들 도(燾)를 낳았고,

---

21) 송용재, 「송촌의 인물」, 『송촌의 인물과 유적』, 지평공 송계사 조, 향지문화사, 1996, 21쪽.
22) 昇平金氏로의 변성명 사실은 『잠소록』 상권 서문에 보인다. 그리고 『순천김씨지평공파보』에 의하면 幸南의 원래의 이름은 末同이었다. 형들의 이름(萬同, 祖同)과 비교해 보면, '행남은 본래의 성명을 숨기기 위해 이름을 고친 것으로 보인다.

도는 그의 만년에야 은진(恩津)의 채운(彩雲)으로 나와서 이후의 후손들이 이곳에서 정착하게 된다.23)

그런데 이때 그들이 은진으로 나와서 자리를 잡고 생계를 꾸려 갈 수 있게 한 것은 역시 회덕의 은진송씨댁이 아니었나 한다. 그것은 회덕 '송씨 고모댁'의 고모인 순천김씨(김종흥의 녀)에 대한 다음 기사에서도 추정이 가능하다.

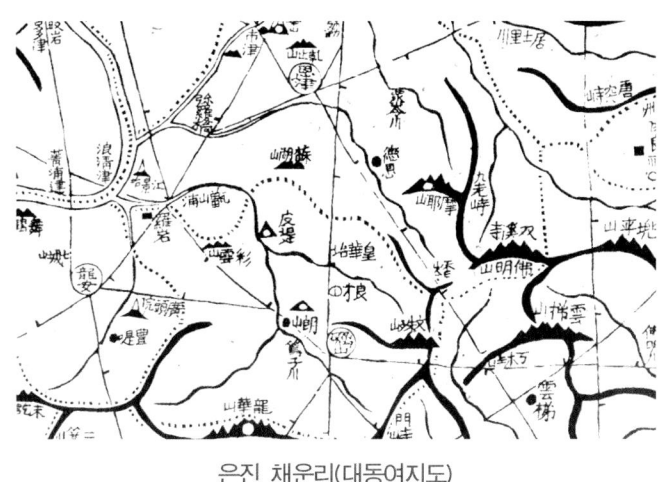

은진 채운리(대동여지도)

홍치(弘治) 신유(辛酉) 정월 기미에 사헌부 지평 송공(宋公) 계사(繼祀)의 부인 김씨가 병환으로 충청도 회덕현의 집에서 서거하였다. 향년이 95세였다. … 부인의 계통은 순천(順天)에서 나왔다. 증조 태영(台泳)은 병조판서를 추증 받았고, 조부 수(陲)는 벼슬이 총제(摠制)이다. 부친 종흥(宗興 : 김종서의 아우—필자)은 벼슬이 판전농시사(判典農寺事)이다. … 김씨는 어려서부터 현숙한 덕행이 있었으며, 출가해서는

---

23) 『잠소록』, 「순천김씨 묘지문」(豆溪公 金槃 지음, 1671).

한결같이 변치 않고 『여칙(女則)』24)을 따랐다. … 천성이 엄숙하면서도 인자하였다. 집을 다스리는 데에 악착스럽게 하지 않았어도 '수만금의 재산'을 쌓았다. 화려한 것을 좋아하지 않았으며, 또 불교를 좋아하지 않았다. 혹 누가 불교를 권하면 부인은 반드시 이렇게 말하였다. 즉, "다른 일이 없다. 일가들 중에서 외롭고 가난한 사람을 돌보아 주면 된다."고 했다. 그리하여 항상 미치지 못하는 것같이 하였다.25)

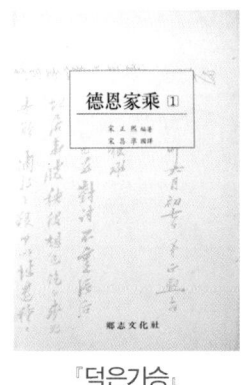

『덕은가승』

홍치 신유년은 1501년(연산 7)이다. 공인김씨(恭人金氏)가 95세에 서거하였다면 그의 생몰연대(1407~1501)를 알 수 있는데, 이 기간은 염선재 순천김씨 집안이 부안 위도에서 은진 채운리로 이거한 시기와 대개 근접한다.26) 특히 공인김씨가 '수만금의 재산을 쌓았다.'고 했고, 혹 누가 불교를 권하면 반드시 부인은 "다른 일이 없다. 일가들 중에서 외롭고 가난한 사람을 돌보아 주면 된다."고 하였으며, 또 항상 구호가 미치지 못하는 것같이 하였다고 하였으니 아마도 그의 생전에 이들 순천김씨가에 대한 그의 지원이 분명히 있었을 것으로 사료된다.27)

---

24) 『女則』은 당나라 文德 長孫王后가 지은 것으로, 婦人의 善行을 모아 기록한 10편으로 된 책이다.
25) 「恭人金氏 墓表」, 『恩津宋氏世蹟錄』.
  송용재, 「송촌의 인물」, 『송촌의 인물과 유적』, 지평공 송계사 조, 향지문화사, 1996, 21쪽.
26) 김행남이 부안 위도에 들어가 아들 도를 낳고 도가 만년에 은진으로 이거하였다고 하였다.

그런데 조선전기의『신증동국여지승람』(1530년 간행)이나 후기의『여지도서』(1760년경 제작)에서 은진현을 보면 덕은면(德恩面)에는 거주성씨에 송씨가 없지만, 이웃의 시진면(市津面)과 채운면(彩雲面)에는 송씨가 거주성씨로 기록되어 있다.28) 그렇다면 당시 시진과 채운에 살았던 송씨가 그곳에 세전하는 전답을 가지고 있었고, 그 일부가 이들 순천김씨가의 생계수단으로 제공되었을 것으로 짐작된다.

은진 채운으로 이사 나온 도(燾)는 여기서 식(湜)을 낳고 식은 다시 세충(世忠)과 대충(代忠)을 낳고 세충은 수명(受命)과 수언(秀彦)을 낳았는데 수언이 바로 염선재 김씨부인의 아버지로 절재 김종서의 6대손이 되는 인물이다.

<표6> 절재 김종서의 직계 후손들과 세거지

가계(家系) 인물			후손의 집단 거주 지역	비고
22세	23세	24세		
김종서	장남 김승규	김행남	충남 논산 경북 영천	
	차남 김승벽	김중남	경기 개성	
		김 팽	전북 익산	
	3남 김승유	김효달	전남 담양	

---

27) 다만 이런 사실이 잘 알려지지 않은 것은 아직 김종서가 신원되지 않은 탓도 있겠으나 계유정난 때 송계사가 원종공신으로 책록되어 있어서 더욱 난처했을 것으로 사료된다. 당시의 정난 원종공신은 수백에 이르는데 아마도 회유 차원에서의 무더기 조치였을 가능성이 없지 않다.

28)「여지도서」충청도, 은진현 편.

계유정난 이후 절재 김종서와 그 후손들에 관한 숨은 이야기들은 한둘이 아니다. 그것들은 한결같이 수양대군(후일의 세조)의 불의(不義)를 고발하고 절재와 그 후손들의 꿋꿋한 저항과 끈질긴 생명력을 보여준다.

다음에 소개하는 절재의 한 후손의 사랑 이야기는 드라마 <공주의 남자> (2011)의 소재가 된 설화(說話)이다. 이것은 1873년(고종 10)에 서유영이 지은 『금계필담(錦溪筆談)』에 수록된 한 편 설화에 근거한 것인데 그 내용이 절재 후손에 관련된 것이고, 특히 수양대군의 불의(不義)를 고발하는 성격을 지닌 것이므로 비록 설화지만 여기에 전문을 수록하여 소개한다.29)

『금계필담』, 「피눈물로 얽힌 인연」

세조에게는 한 명의 공주30)가 있었는데, 어려서부터 어질고 성품이 덕스러웠다.

공주는 단종이 왕위에서 물러나고,

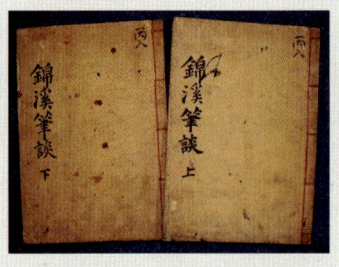

『금계필담』

---

29) 송정민 외, 『금계필담』, 명문당, 2001. 참조.
30) 왕실족보인 『선원록』에 의하면, 세조는 정희왕후(윤번의 녀)와의 사이에서 2남 1녀를 두었다. 장남은 의경세자(도원군)이고, 차남은 해양대군이며, 공주로는 의숙공주가 있을 뿐이다. 그런데 의숙공주는 정인지의 아들인 정현조에게 출가하였다. 따라서 여기에 나오는 공주는 의숙공주가 아니어야 한다. 아버지 수양대군의 불의와 패륜에 대해 당당히 비판하고 맞섰던 '의로운 공주'가 따로 있었다는 것이다.

절재 김종서와 사육신 및 충의를 지키려는 신하들이 (거의) 같은 때에 모두 순절하고31), 그 가족들이 다 죽임을 당하는 데 이르는 것을 보고, 일찍이 눈물을 흘리며 밥도 먹지 아니하였다.

그리고 단종의 어머니인 소능(昭陵)32)이 참변을 당할 때는 울면서 간하기를 그치지 아니하니, 세조가 크게 노하여 화가 장차 어디까지 미칠지 헤아릴 수 없게 되었다.

그리하여 정희대비33)는 비밀리에 유모를 불러 가벼운 보물을 충분히 주면서, 공주와 함께 그것을 가지고 멀리 피하게 하고, 왕에게는 공주가 요절한 것으로 알렸다.

드디어 유모는 공주와 함께 몰래 도망하여 충청도 보은군에 이르렀는데, 깊은 산골짜기에 다다랐을 때는 배고프고 피곤함이 매우 심하여 길가에 앉아 잠시 쉬고 있었다.

이때 한 총각34)이 쌀을 짊어지고 이곳을 지나다 발길을 멈추고 묻기를, "두 분을 보니 시골 사람들 같아 보이지는 않는데 어찌하여 유독 이런 데 와 있습니까?" 하였다. 유모가 총각을 보니 의복은 비록 때가

---

31) 절재가 수양대군에게 죽임을 당한 것은 계유정란(1453)이고, 단종이 양위한 것은 1455년이며, 사육신의거가 일어난 것은 1456년이다.
32) 소능은 단종의 어머니 현덕왕후를 지칭한 것이다. 세조가 왕이 된 첫해에 그의 꿈에 현덕왕후가 무서운 얼굴을 하고 나타나서, "네가 내 아들을 죽였으니 나도 네 아들을 죽이겠다."라 하였다. 꿈을 깨 보니 과연 그의 장자 의경세자(20세)가 죽었다는 전갈이 왔다. 세조는 화가 나서 소능을 파헤치고 석물을 모두 부셔버리고 관을 파내서 강에 던지라고 명하였다. 세상은 그의 만행에 공분하였음을 많은 기록들이 전하고 있다.
33) 조선 7대 세조의 왕비로, 예종이 죽은 후 성종을 왕위에 세우고 대왕대비로서 약 8년간 수렴청정을 하였다. 설화에 의하면 여기서의 공주는 곧 부왕의 뜻에 거슬려 쫓겨나서 족보에도 오르지 못한 정희왕후의 첫째 딸이었을 것이다.
34) 〈공주의 남자〉에서는 이 총각이 김승유(김종서의 3남)인 것으로 나오고, 원작인 『금계필담』에서는 김종서의 손자로만 나온다. 그러나 일부에서는 그가 김승벽의 아들 次同일 것이라는 주장도 있다.

끼고 남루하나 용모는 보통 사람이 아니라고 생각하고 대답하기를, "나와 이 낭자는 서울에서 난을 피해 도망하여 이곳에 이르렀으나, 어디로 가야할지 몰라서 주저하고 있을 따름입니다." 하니 총각은 몰래 눈물을 흘리면서 말하기를, "나 역시 화를 피하여 이곳에 와서 산 지가 이미 1년이 지났습니다."라 하였다. 유모가 말하기를, "그렇다면 나와 이 낭자는 그대와 함께 살았으면 싶소."라 하자, 총각은 이를 흔쾌히 허락하였다.

그리하여 그들은 함께 걸어서 깊은 골짜기를 지나 몇 리쯤 가니 토굴이 있어 거적문을 열고 들어갔다. 총각은 손수 밥을 지어 그들을 대접하였다.

며칠이 지난 뒤 유모가 여행용 자루에서 가벼운 보물을 꺼내어 총각에게 주면서 이것을 장에 가서 팔아오라고 하였다. 총각은 깜짝 놀라며 말하기를, "이 보물들은 다 궁중의 물건들인데, 당신은 어디서 이것을 얻었습니까?" 하자 유모는 "굳이 그 출처를 묻지 말고 가져가서 팔아주오."라 하였다. 그러나 총각은 끝내 그 뜻을 따르지 않았는데 그 이유는 이 일이 전에 그가 거의(擧義)할 때 관가로부터 화를 피한 자취가 될 것이라고 생각한 때문이었다.

1년 남짓 함께 사는 동안에 총각은 공주와 정을 통하고 혼례를 올렸다. 그제서야 총각이 공주에게 피난한 까닭을 물으니, 공주는 울면서 대답을 못하고, 유모가 대신 그 전말을 알려주었다.

이 말을 듣자 총각은 슬피 울며 말하기를, "나는 절재 김종서의 손자입니다. 우리 할아버지가 아버지와 함께 화를 입던 날 온 집안이 다 죽음을 당했으나 나만 홀로 난을 피하여 여기에 이른 것이니, 어찌 공주가 그 어린 나이로서 능히 이렇게 의로운 마음을 분별할 줄 알았단 말이오." 하였다. 이로부터 두 사람은 서로 공경하며 온정을 나누는 것이 더욱 깊어졌다.

세월이 오래 흘러 화(禍)의 법망이 다소 풀어지게 되자, 총각은 보물들을 전부 팔아서 많은 돈을 얻어, 산 밑으로 내려와 넓은 전지를 마련하고 몸소 밭을 갈고 책을 읽으며, 아들딸을 낳아 기르면서 살았다.

세조는 만년에 절을 두루 돌아다니면서 부처님에게 지난날을 참회하는 기도를 하였는데, 보은 속리산으로 향하다가 마침 공주가 사는 마을을 지나게 되었다.

이때 한 어린 아이가 길가에 있었는데, 세조가 그 아이의 용모를 살펴보니 꼭 자기와 같았다. 세조는 이를 기이하게 여겨 수레를 멈추게 하고 앞으로 불렀다. 그런데 갑자기 여자의 우는 소리가 울타리 사이에서 들려 나왔다. 세조는 마음이 흔들려 좌우의 신하들에게 묻기를, "이 어인 울음소리인가?" 하자, 어린 아이가 말하기를, "이것은 우리 어머니의 울음소리입니다."라 하였다.

세조가 곧 좌우 신하들을 물리치고 어린 아이와 함께 걸어서 그 사립문에 이르니, 한 부인이 땅에 엎드려 통곡하고 있었다. 세조는 놀라서 묻기를, "너는 누구인고?" 하자, 공주는 눈물을 거두며 대답하기를, "못난 소녀는 지난날 아버님의 엄한 책망을 받았는데, 어머님의 분부로 유모와 더불어 대궐을 떠나 멀리 피하여 다니다가, 이곳에 이르러 죽지 못하고 구차하게 목숨을 부지하고 있나이다."라고 하였다. 세조는 그 손을 잡고 눈물을 흘리며 말하기를, "너를 일찍이 이미 요절한 것으로 여겼구나. 어찌 지금까지 이 세상에 살아 있는 줄 알았겠느냐! 너의 남편은 어디에 있느냐?" 하였다. 공주가 대답하기를, "그는 죽은 좌상대감 김종서의 손자입니다. 그도 역시 난을 피하여 이곳에 왔는데 우연히 길가에서 상봉하여 짝을 맺게 되었습니다. 그러나 그는 아버님의 행차가 이곳을 지난다는 소식을 듣고 피해서 지금 집에 없습니다."라 하니 세조는 탄식하며 말하기를, "김종서에게 무슨 죄가 있겠느냐? 내일은 마땅히 나오너라. 가마와 말을 보낼 것이니 나와 함께 서울 대궐로 돌아가자. 아울러 네 남편에게도 봉작(封爵)을 가하리라." 하고, 드디어 수레를 돌렸다.

다음날 세조는 승지를 파견하여 그들을 맞아 오게 하였으나, 공주는 밤을 틈타 그 남편과 함께 가족을 거느리고 몰래 어디론지 숨어버리니 그 거처를 알아낼 수가 없었다.

  나는 사고(社皐) 박상서(尙書) 승휘[35]로부터 이 얘기를 듣고 절재의 후손에 대한 이런 시말을 자세히 갖추어 써서 조정에 올리려 하였으나, 그때 박승휘가 승지로 있었는데 "그 일은 증빙이 될 만한 근거가 없다."고 이르면서 받아주지 않아 임금에게 알리지는 못하였다.

[原文]

  光廟有一公主 弱齡賢而有德性 見端廟遜位 節齋金公宗瑞 與六臣及伏義諸公同時殉節 至於全家屠戮 嘗涕泣不食 當昭陵之變 泣諫不已 光廟震怒 禍將不測 貞熹大妃密招乳媼 厚給輕寶 與公主使之遠避 以夭逝上聞乳媼遂與公主 潛逃至報恩郡 尋到山峽 飢困殊甚 坐路傍小憩 有一總角 負米過之 駐足問曰 觀媼二人 非村家樣 胡爲獨在於此 媼見總角 雖垢膩衣弊狀貌非凡 答曰 吾與此女 自京城逃難至此 莫知所往 方踟躕耳 總角潛然出涕曰 吾亦避禍 來居于此 已周歲矣 媼曰 然則吾與此女 願從君同居矣 總角欣然許之 仍與偕行 過窮峽數里許 有土窟 揭席門而入 總角躬自炊飯待之 居數日 媼自行橐出輕寶 使賣於場市 總角驚曰 此皆禁中物媼從何處得之乎 媼曰 姑勿問出處 試持去 總角堅不從意 其爲擧義時 官家避禍之蹤也 居歲餘 與公主野合而成禮 總角始問其逃難所以 公主泣而不答 乳媼代爲陳其始末 總角通泣曰 我節齋金相國孫也 吾祖與父被禍之日 一門盡爲屠戮 吾獨逃難至此 豈意公主幼冲之齡 能辨此義烈哉 自此敬相待恩情彌重 歲久禍綱稍弛 總角盡賣輕寶 得數千金 築室於山下 廣置田庄 躬耕讀書 連生子女矣 光廟晩年 遍

---

[35] 박승휘(1802~?)의 자(字)는 광오(光午)이고 호는 사고(社皐)이며, 본관은 밀양이다. 1829년 문과에 급제하여 후에 벼슬이 대사간 공조판서 등에 이르렀다. 시호는 문정(文貞)이고, 문집은 『사고집(社皐集)』이 있다.

行佛寺 祈佛懺悔 將向俗離山過公主所居之村 見一小兒在路傍 觀光其容貌 克肖聖躬 光廟奇之 駐蹕招前 忽聞女子哭聲 出於籬落間 光廟心動 問左右 曰 此何哭聲 兒曰是吾 母哭聲矣 光廟乃屛左右 與兒步到柴門 一婦人伏地 痛哭 光廟驚問曰 汝是誰 公主收淚對曰 不肖女向承嚴責 慈殿敎與乳媼 離 大內遠避 行至此處 不死苟生矣 光廟執手揮涕曰 曾謂汝已夭逝矣 豈意至今 生存於世耶 汝丈夫何在 公主對曰 彼是故領相金宗瑞之孫也 渠亦逃難至此 偶相逢於路 仍爲作配 聞車駕過此 避去不在矣 光廟歎曰 金宗瑞何罪哉 明 日當出送轎馬 與同還京闕 並汝丈夫 加以封爵矣 遂回鑾 翌日遣承旨 欲迎 來乘夜與其夫率家眷 潛遁不知去處矣 余從社皐朴尙書承輝 聞此說 節齋後 孫具此始末 上言于朝 社皐時以承旨 謂其事涉無據 遂退却 不爲上聞云曰 遣承旨 欲迎來乘夜與其夫率家眷 潛遁不知去處矣 余從社皐朴尙書承 輝 聞此說 節齋後孫具此始末 上言于朝 社皐時以承旨 謂其事涉無據 遂 退却 不爲上聞云

Ⅱ. 염선재의 생장과 혼인

1. 염선재의 출생과 어린 시절
2. 사계 김장생의 계배(繼配)가 되다

1. 염선재의 출생과 어린 시절

염선재 순천김씨는 선조 5년(1572) 6월 21일 은진(恩津) 채운리(彩雲里)36)의 집에서 아버지 직장(直長) 김수언(金秀彦)과 어머니 남양홍씨 사이의 장녀로 태어났다. 어머니 남양홍씨는 당평군(唐平君) 홍천옥(洪川玉)37)의 따님이다.

순천김씨 족보에서는 아버지 김수언에 대해서 다음과 같이 기록하고 있다.

> 수언(秀彦)의 자는 사미(士美)이고 호는 양진(養眞)이다. 시(詩)로써 세상에 이름이 났으며 필법이 더욱 묘하였다. 청좌공 영천군수 송이창(宋爾昌)과 수옹 송갑조(宋甲祚)와 더불어 종유하였다. 임진란이 평정된 후 원종공신록에 올라 예빈시 직장을 제수 받았으나 조상이 아직 신원(伸寃)되지를 못하여 벼슬에 나아가지 못하였다. 아들 치림(致霖)의 의거(義擧)의 공으로 통정대부 호조참의에 증직되었다.38)

이로써 보면 김수언은 시(詩)와 서예(書藝)가 출중하였고, 동춘당 송준길의 아버지인 송이창(1561~1627)과 우암 송시열의 아버지인 송갑조(1574~1628) 등과 더불어 종유하는 사이였음을 알 수 있다. 이러한 교유는 아마도 앞에서 본 송계사(1407~?)와 순천김씨(김종흥의 녀)와의 혼맥에서 연원하는 것이겠으나, 그것은 또

---

36) 지금의 주소는 충남 논산시 강경읍 채운동이다.
37) 남양홍씨 홍천옥은 호가 養眞堂이며 벼슬은 贈判尹이다.
38) 『순천김씨지평공파보』(1983년 증보판).

한 후일 송이창이 김계휘(김장생의 아버지)의 문인이 되고 또 김은휘(김계휘의 동생)의 사위가 되는 인연으로 더욱 가까워진 것으로 보인다. 김수언은 임진왜란 중에 장인 홍천옥이 쌓은 공훈으로 인하여 예빈시 직장을 제수받는다.39) 『순천김씨족보』 김수언 조에 의하면 홍천옥은 남양홍씨이며 호가 양진당이고 당평군으로 기록되어 있는데, 당평군은 아마도 임란 중의 공적으로 얻은 지위로 보인다.40)

염선재의 『유사(遺事)』에서는 그의 어린 시절에 대해서 다음과 같이 기록하고 있다.

> 가) 천성이 순하고 맑고 깨끗하며 지혜롭고 독실한 효도가 있어 잠시라도 부모의 곁을 떠나지 않았다. 부모가 웃으면서 시집가는 일에 대해 말씀하시면 문득 눈물을 흘려 부모가 다시는 희롱하는 말씀을 하지 않으셨다.
>
> 나) 본래부터 집안 교육이 있어 주변 사람들을 응대할 때는 부지런했고 어른을 도와 음식을 살피고, 물건을 관리할 때는 부모의 수족과 손톱처럼 했고 머리를 흩뜨리거나 단정하지 않은 경우가 없었으며 화려하거나 아름다움을 즐기지 않았다. 좋은 장난감을

---

39) 『잠소록』, 순천김씨 묘지문(김규 지음, 1671).
40) 당평군 홍천옥은 현재의 남양홍씨 족보(13개 파보)나 『선무원종공신록』 등에서 그 이름이 확인되지 않는다. 때로는 역사적으로 주목할 만한 인물임에도 불구하고 간행된 해당 가계의 문헌에 그 내용이 전해지지 못하는 사례가 없지 않다. 이것은 앞으로 문중사나 인물사, 또는 지방사 연구에서 주목해야 하고 시간을 가지고 충분히 정리해가야 할 과제라고 생각된다. 여기에 김수언의 장인 홍천옥의 호가 양진당이고, 앞에서 본바 김수언의 호가 또한 '양진'이라면 김수언의 처가 무남독녀였고 사위 김수언이 홍천옥의 가계와 재산을 계승한 것이 아닌가 한다.

가진 사람을 보았어도 못 본 척하였고, 부모 앞에서 한 번도 거스른 얼굴빛이 없었으며 부모의 교훈이 있으면 바로 실천했고 거듭 말하지 않게 했다.41)

가)는 염선재의 타고난 성품이 독실하고 효성스러웠음을 알게 한다. 그는 부모가 그에게 농으로 '시집가라.'고 만 해도 눈물을 흘릴 정도로 부모에 대한 애정이 넘치는 딸이었다.

나)는 염선재의 부지런함과 단정하고 검소한 생활상을 알게 하고, 특히 부모의 교훈을 바로 실천하고 거스르는 얼굴빛을 내지 않았을 만큼 돈독한 효심을 지닌 딸이었음을 전해준다. 일찍이 공자는 효(孝)에 대한 물음에 답하는 중에 '색난(色難)'을 지적하였다. 부모님 앞에서 자녀가 자기의 얼굴색을 가지런히 하기는 참으로 쉽지 않은 효행인 것이다. 염선재는 어려서부터 이러한 성숙한 효심과 효행을 실천하였던 효성스런 딸이었다.

염선재는 어려서부터 성품이 부드럽고 맑고 효도를 돈독히 하여 잠시라도 부모의 곁을 떠나지 않았다. 겨우 8세에 아버지가 병이 위독하여 의원도 병을 찾지 못해 치료가 어려운 지경에 이르자, 사당(祠堂) 앞에 엎드려 주야로 3일 동안 울면서 기도하자 아버지의 병환이 나아졌다. 그리고 몇 년 후에 다시 아버지가 가래 병이 고질병이 되어서 갑자기 얼음물을 마시고 싶어 하셨다. 당시는 여름이어서 얼음을 구할 수가 없었지만 염선재가 울면서 정성을 다하여 찾으러 다녀서 수일 후에 뜻하지 않게 울타리 조약돌 밑에서 한 덩어리의 얼음을 얻었고, 이것을 드려서 과연 효과가 있었다.

---

41) 『潛昭錄』, 「(順天金氏) 遺事」(金槃 撰, 1671).

사람들이 축하하면서 말하기를, "하늘의 효(孝)가 과연 이 낭자에까지 미치는구나."라고 찬탄하며 생정려(生旌閭)를 세울 만하다고 하였다.42)

정려란 국가에서 아름다운 풍속을 장려하기 위하여 충신(忠臣), 효자(孝子), 열녀(烈女, 또는 열부(烈婦))들이 살았던 마을에 정문(旌門)을 세워 그 행실과 정신을 기리고, 세상에 널리 알리려는 표식이다. 보통 정려는 그 사람이 죽은 후에 세우지만, 예외적으로 살아 있는 때에도 세우는 경우가 있는데, 그것을 생정려라 했다.

옛 사람이 말하기를 '효(孝)는 백행(百行)의 근원(根源)'이라 하였으니, 생장기에 있어서 염선재의 다른 덕행도 가히 헤아릴 수가 있다. 위에서의 염선재의 효행은 여름에 얼음을 구했다는 사실이 다소 의아한 점이 없지 않으나, 당시 사람들이 그의 효행을 귀하게 여겨서 생정려를 세울 만하다고 하였으니 그의 평소의 돈독한 효심(孝心)과 효행(孝行)을 가히 짐작할 수 있다.

염선재의 가정교육이 어떠했는지에 대해서는 언급된 자료가 보이지 않는다. 그러나 아버지 김수언이 시(詩)로써 세상에 이름이 나 있었고 또한 글씨가 출중하였으며, 지역사회에서 당대의 명망 가였던 송이창(송준길의 아버지), 송갑조(송시열의 아버지) 등과 교유하였다고 하였으니,43) 염선재가 가정에서 기본적인 유교적 가르침을 받았을 것은 어렵지 않게 감지할 수 있다 하겠다.

---

42) 『잠소록』, 「(순천김씨) 遺事」(金槃 지음, 1671).
    生旌閭는 삼강의 행실이 출중하여 생전에 내려진 정려이다.
43) 『節齋先生實記』 권4, 「參議公事實」, 兵曹參議 金公忠義傳.
    『순천김씨지평공파보』, 김수언 조 기사.

2. 사계 김장생의 계배(繼配)가 되다

염선재는 17세에 사계의 계배44)로 혼인하여 명문가인 광산김문에 들어오게 된다. 이보다 먼저 사계 김장생은 1586년, 부인 창녕조씨(昌寧曺氏)의 상을 당하였다. 당시 사계의 나이는 39세였다. 창녕조씨는 첨중추 조대건의 따님으로 슬하에 은(檃), 집(集), 반(槃) 3형제와 두 딸을 두었는데, 당시 집(集 : 문경공)과 반(槃 : 허주공)은 각각 13세, 7세였다. 사계는 예법에 따라 자식들이 어머니 조부인에 대하여 기년상을 모시게 하였으나, 상기를 마치고도 심상(心喪)으로 삼 년을 채우도록 배려하였다. 그러나 자식들이 아직 나이가 너무 어렸으므로 양육을 위해서라도 재혼을 서두르지 않을 수 없는 상황이었다.

이때 염선재의 아버지 김수언은 울면서 딸에게 다음과 같이 말하였다.

> 좌의정공(김종서를 칭한 것 — 필자)의 곧고 충성스러운 큰 절개는 삼강(三綱)을 굳건히 했고 백세를 장려하게 했지만, 엎어진 동이 밑

---

44) 『사계 연보』 42세(1588년, 선조 21) 기사에는 염선재를 '副室로 맞아들였다.'고 적고 있다. 이러한 표기는 당시로서는 절재(김종서)가 아직 신원되지 못한 상황이었기 때문이다. 그러나 절재는 1746년에 신원되어 복관되었고, 또 1906년에는 염선재가 부군(사계 김장생)의 관품에 따라 貞夫人으로 教旨를 받았으므로 염선재는 사실상 사계의 繼配로서의 지위를 가진다고 해야 할 것이다. 이는 최근에 간행된 광산김씨 족보에 잘 반영되고 있다(『光山金氏良簡公派譜』(2010년), 『光山金氏判軍器監事公派譜』 김장생 조 참조).

에 햇빛이 비춰지 못하니 반드시 높은 덕망을 지닌 군자가 거론한 이후에 거의 가능성이 있을 것이다. 지금 조정에 가득한 덕망으로 사계(沙溪) 김공(金公)을 넘는 사람이 없고, 김공이 마침 아내의 상중(喪中)에 있으니 네가 만약 아내가 되어 모실 수 있다면, 우리 집안이 덕을 보고자 하는 것이 아니지만, 계유년(癸酉年)의 일45)에 대해 공정한 평가를 받을 수 있을 것이다. 너의 몸을 굽혀 조상의 억울한 일을 해결할 수 있다면 이보다 더 큰 의리(義理)가 있겠는가?46)

이렇게 아버지 김수언은 선조인 절재 김종서의 억울한 한을 풀어 그 절개를 세상에 드러내는 길은 사계와 같은 덕망을 지닌 군자의 도움이 필요하고, 따라서 염선재가 몸을 굽혀 사계의 계배가 된다면 이를 풀 수 있을 것으로 본 것이다. 이것은 당장의 영달을 위한 것이 아니라 선조가 당한 억울함을 알려 공정한 평가를 받게 하는 의리를 펴야 한다는 논리였다. 어쩔 수 없는 상황이었지만, 의리의 당당함을 잃지 않으려는 그의 기개가 엿보이는 대목이다. 염선재는 이러한 아버지의 기개를 닮고자 했고 실천하고자 했다.

효성이 남달랐던 염선재는 이러한 아버지의 간곡한 당부를 듣고 마침내 이를 허락하였다. 그것은 아버지에 대한 효도의 표현이었고, 동시에 7대 선조인 절재 김종서에 대한 설원(雪冤)의 의지를 담은 굳은 결단이었다. 이때 아버지는 그에게 선대의 세계(世系) 1책과 절재공의 수찰(手札) 3장을 주면서 경계하여 말하기를, "'역

---

45) 계유정난을 이른다. 이것은 단종 1년(1453) 수양대군이 왕위를 찬탈하기 위하여 단종을 보필하던 김종서 황보인 등을 반역으로 몰아 무참하게 숙청한 정변을 이르는 말이다.
46) 『잠소록』, 「(순천김씨) 遺事」(金槃 지음, 1671).

적 집안의 자식을 취하지 않는다.'는 성인의 가르침이 있으니 너는 조심하고 이것을 경솔하게 드리지 말라."라고 당부하였다.

혼인한 지 만 2년 후 장남 영(榮)을 낳자, 염선재는 비로소 친가의 세계(世系)와 절재공의 수찰(手札)을 사계에게 드리고 울면서 이 사실을 고백하였다. 이에 사계는 크게 경탄하며 의리를 바르게 펴는 일에 동조하였으나, 여건이 이루어지지 않아서 생전에 뜻을 이루지는 못하였다. 두계공 김규는 이러한 아버지 사계의 심정에 대해서 다음과 같이 부언하고 있다.

> 이에 앞서 매양 말씀하시기를 "나라 예(禮) 중 이제까지 해결하지 못한 것에 노산군(魯山君)의 위호(位號)를 정상으로 회복케 하는 것보다 큰일이 없다." 하시고 항상 상소를 할까 하였는데 이때에 이르러 문득 말씀하시되 "우리집 형편도 또한 같이 주청하여야겠다." 하시고 글을 지어서 앞으로 올릴까 하셨다. 그러다가 얼마 후 탄식하며 말씀하시기를 "대대로 벼슬하여 온 집은 다른 집과 다른 것인데, 죄명이 아직 씻어지지도 못한 상황에서 그 전에 하는 것은 크게 외면에 어긋난다." 하시고 그만두고 숨기셨으나 자나 깨나 탄식하여 이르시기를, "이것은 반드시 귀정(歸正 : '일은 반드시 올바른 데로 돌아간다.'는 사필귀정(事必歸正))되는 날이 있을 것이니 일단 임금이 복정(復正)되면 여러 신하들도 함께 신원(伸寃)될 터이지만 단 나는 미처 보지를 못할 것이다."라 하셨다.47)

당시로서는 단종이 아직 복위되지도 못한 상황에서 사계로서도 이 일은 섣불리 거론할 문제가 아니었다. 또한 그가 적극적으로

---

47) 『잠소록』, 「(순천김씨) 遺事」(金槃 지음, 1671).

나설 만한 정치적 상황이 되지도 못하였다. 즉 광해군대에는 계축옥사(광해군 5년, 1613)에 서제(庶弟)들(경손 평손)이 연루되어 일가가 무너질 뻔하였고,48) 인조반정 후에는 서인당이 권력을 주도하고 그가 종주의 위상을 가지고 있었지만 원종추숭논쟁(1624~1633)으로 인조와 상당한 대립각을 형성49)하고 있었기 때문이다. 물론 후일에 사계의 위의 예언은 다 이루어졌다. 그러나 염선재에게 그 기간은 너무 길었고, 그로서는 묵묵히 한을 참고 일생을 살아내야 했다.

그 사이에 염선재의 친정집에 신분적 변동이 생길 수 있는 계기가 없지 않았다. 염선재가 혼인으로 광산김문에 들어온 지 4년 후 임진왜란(1592~1598)이 일어났다. 이때 아버지 김수언은 전란 중에 장인 홍천옥의 전공으로 예빈시 직장을 제수 받았다. 그러나 조상 김종서가 아직 신원되지 못하였으므로 벼슬에는 나아가지는 못하였다. 당시 염선재에게는 손 아래로 남동생과 여동생이 각각 한 명씩 있었는데, 남동생 치림(致霖)은 선조 9년(1576)에 태어났고 후에 계해년(1623)에 거의(擧義)50)하여 군자감 직장에

---

48) 김성준, 「사계 김장생의 생애」, 『백제연구』 6집, 충남대 백제연구소, 1975.
49) 한기범, 『사계 김장생과 신독재 김집의 예학사상 연구』, 충남대 박사학위논문, 1991.
50) 족보에서는 이때의 '擧義'가 무슨 擧義인지를 구체적으로 밝히고 있지 않으나, 그것이 계해년(1623)이라면 그것은 仁祖反正일 것이다. 인조반정은 서인이 주도하고 남인이 이에 동조하여 성공한 정변이다. 반정의 주역은 대개 사계의 지구와 문인이었다. 따라서 반정 초기에 사계는 이들에게 글을 보내서 반정의 방향을 제시하였고, 그 자신이 산림으로 출사하였다.

제수되었으나, 그 아버지와 마찬가지로 선조 김종서의 신원 문제로 인하여 벼슬에 나아가지는 못했다.51) 이것은 당시 순천김씨와 그의 가계의 신분적 지위를 감지할 수 있는 단서가 된다.

---

51) 『순천김씨지평공파보』, 金秀彦 條 및 金致霖 條.

Ⅲ. 염선재의 가족과 가정생활

1. 염선재의 부군, 사계 김장생
2. 부군을 위한 조용한 내조
3. 8남매의 어머니 염선재 순천김씨

1. 염선재의 부군, 사계 김장생

염선재의 부군인 사계 김장생은 어떤 인물이고 또 어떤 삶을 산 사람이었는가? 사계는 조씨부인이 죽은 후 41세에 염선재 김씨부인과 재혼하여 슬하에 8남매를 두었고 84세에 작고하였으므로, 그가 염선재 김씨부인과 함께 산 시간은 43년에 이른다. 따라서 염선재가 가정생활로 부군을 봉양하고 또 소생 자녀 8남매의 양육과 교육에 쏟은 정성과 헌신은 그 일생의 대부분을 이룬다. 염선재의 일생에 있어서 사계가 차지하는 비중은 그만큼 클 수밖에 없다. 따라서 부군인 사계의 가계와 생애를 개관하는 것은 염선재를 이해하는 데 있어서도 긴요한 요소일 수 있다.

가계와 출생

김장생(1548~1631)의 본관은 광산(光山)이고, 선향(先鄕)은 충청도 연산 고정리이다. 이들 광산김씨가 연산에 처음으로 입향한 것은 조선 초기에 충청도관찰사(1404년)를 지낸 김약채(김장생의 8대조)로부터이다. 김장생의 5대조 김국광(1415~1480)은 세조대의 공신으로 좌의정에 올랐고, 대사헌을 지낸 아버지 김계휘(1526~1582)는 기대승·이이 양현과 더불어서 도의지교(道義之交)를 나누었을 만큼 학덕이 높고, 율곡 이이가 재상감으로 추천하였던 출중한 경세가였다.

김장생은 이러한 출중한 가문의 후예로서 1548년(명종 3년) 서울 정릉동(지금의 서울 덕수궁 옆 구 대법원 청사 자리)에서 출생하였다. 여기서는 사계 김장생, 신독재 김집, 그리고 동춘당 송준길 등 후에 문묘(文廟)에 배향된 대현들이 태어난 곳이었으므로 사람들이 이 자리를 삼현대(三賢臺)라고 불렀다.52) 그의 어머니는 평산

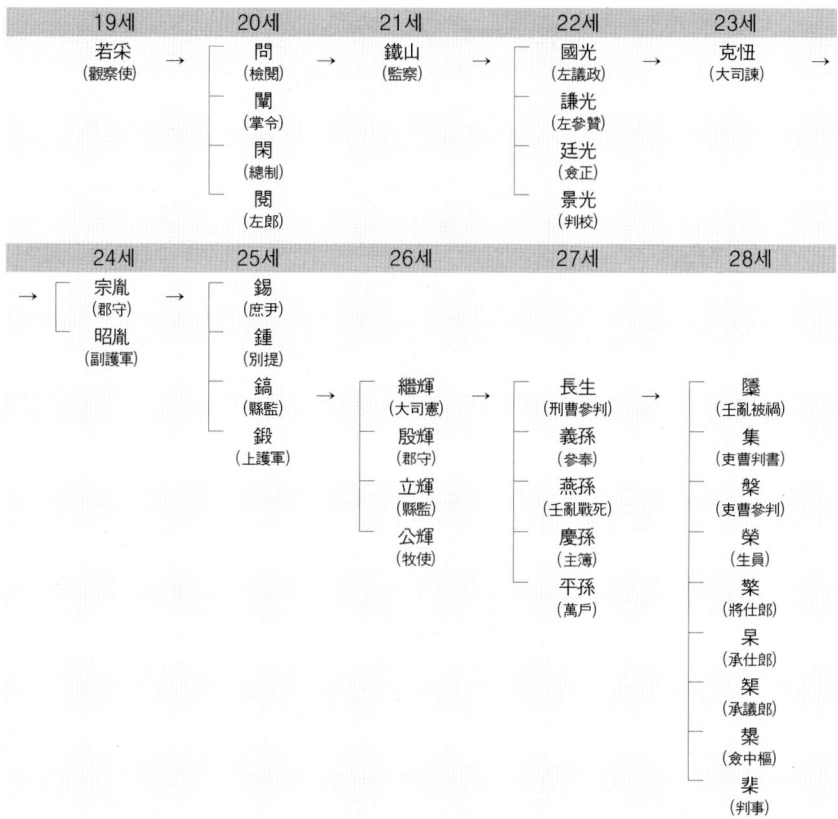

<표7> 연산세거(連山世居) 광산김문의 가계도

---

52) 『동춘당 연보』 참조(동춘당 송준길의 외조는 김은휘이고, 김은휘는 김장생의 아버지 김계휘의 아우이다. 따라서 송준길은 외가와 연계하여 위의 정릉동제에서 태어난 것으로 보인다).

신씨로 고려 태조 때에 절사한 태사 신숭겸의 후손이며, 우참찬 신영(申瑛 : 상촌 신흠의 조부)의 따님이다.

13세에 구봉(송익필)에게 가서 배우다

김장생은 어려서부터 행동이 장중하여 말과 웃음을 함부로 하지 않고 희롱을 하지 않으니 견식이 있는 사람들은 장차 그가 덕인이 될 줄로 알았다 한다. 김장생은 11세에 어머니를 잃고 아버지마저 외직으로 나가게 되자 서울에서 할아버지의 슬하에서 자랐다. 조부는 김장생이 아직 어리고 잔약하며, 또 어머니가 없는 것을 가련히 여겨 항상 슬하에 두고 밖의 스승에게 보내지 않았다. 그러나 김장생은 성장해 가면서 스스로 분발하여 글을 읽고 뜻을 격려하며 세속적인 것에는 일체 마음을 두지 아니했다.

어머니의 3년상을 마친 13세 때에 김장생은 아버지의 친구인 송익필(1534~1599)에게 나아가서 사서(四書 : 논어, 맹자, 중용, 대학)와 근사록(近思錄)을 공부하였다. 이때 송익필은 경기도 고양의 구봉산 아래에 살았는데, 김장생은 그 문하에 들어가 기숙하면서 공부하는 동안, 공부면에서나 생활면에서 상당한 어려움을 겪었던 것 같다. 그의 13세시의 『연보』 기록을 보면, 김장생은 문인 송시열에게

> 내가 구봉에게 『근사록』을 받았는데 구봉은 극히 영매하여 책을 보는 데 막힘이 없는지라, 남도 자기 자신과 같이 여겨서 한 번 읽고 지나갈 뿐 온전히 해설해 주지를 않으셨다. 나는 처음에 망연하여 배우지 않는 것과 다름이 없었다. 그래서 물러가서는 조용히 앉아서 보고

또 보느라고 몹시 애썼으며, 책을 읽고는 생각하고 또 생각하고 읽기를 밤낮을 그치지 않고 연구한 연후에야 점점 밝게 통하게 되었고, 수없이 생각했는데도 끝내 알 수 없는 연후에야 선생님께 문의하였다. 독서하는 데에 힘써 노력한 것이 나와 같은 자를 보지 못했다.

라 하였고, 또 송시열이 자신의 문인에게

일찍이 선생(김장생을 지칭함-필자)에게 들었는데, "어려서 송구봉에게 가서 글을 배울 때 간장도 없이 소금으로 밥을 먹었다. 해를 넘겨 귀로에 한 노비의 집에 들러서 비로소 나물국이 있는 식사를 하였는데 그 아름다운 맛을 오래도록 잊지 못했다."라 하시었다.

고 했다. 김장생이 소년시절에 구봉의 문하에서 상당히 어려운 여건에서 인내하면서 학문의 바탕을 이루었음을 알게 된다. 이때 아버지 김계휘는 "우리 아이의 학문이 이미 이와 같으니 내게 아무런 근심이 없다."라 하였다. 훗날 김장생은 『근사록』에 대한 선배 유학자들의 여러 학설과 자신의 학문적 견해로써 주석(註釋)한 『근사록석의(近思錄釋疑)』를 지었는데, 그의 초학 시기의 이러한 꼼꼼한 공부가 그 기초가 되었을 것이다. 소년기에 익힌 김장생의 이러한 진지하고 성실한 면학자세는 그의 일생동안 일관되었다. 훗날의 그의 예서(禮書)가 '물을 부어도 새지 않을 만큼 정밀하다.'는 평을 듣게 되는 데에서도 그 일단을 발견할 수가 있다.

20세에 율곡(이이)에게 가서 배우다

김장생은 19세에 창령조씨(첨지중추 조대건의 따님)와 혼인한 후, 20세에 율곡 이이의 문하에 들어갔다. 김장생이 송익필의 문하에서 수학한 뒤에 다시 이이의 문하에 입문한 것도 역시 부친 김계휘의 인맥과 관계된다. 당시 김계휘는 명문의 신진사류로서 이이와 더불어 도의지교(道義之交)를 맺고 있었으며, 또한 정치적으로 사생지교(死生之交)를 맺고 있다는 평을 들을 정도의 돈독한 관계였다.

20세 때의 그의 『연보』 기사에 의하면, 김장생은 율곡의 문하에 들어가서 성학(聖學)의 심오함을 갖추어 듣고 마음에 새기고 힘써 행하면서 신중히 사도(師道)를 자임(自任)하게 되었다. 그는 해주의 석담(율곡의 처가가 있는 곳이다)에 가 있는 율곡을 찾아가서 함께 기거하면서 공부를 배웠는데, 이때 그가 특히 '예학(禮學)에 정진하여 예의 절목(節目)을 다 갖추게 되었다.'는 기사는 주목할 만하다. 다음의 시는 이이가 자기의 문하에 와서 공부하다가 잠시 떠나는 제자 김장생에게 지어준 시이다.

> 천 리 길 와서 적막한 물가에서 지내며,
> 구름과 달 벗하여 함께 심신(心神)을 길렀네.
> 돌아갈 때 빈 자루라 내 부끄러우니,
> 떠난 이후 응당 자주 괄목(刮目)케 하리라.

충청도 연산에서 황해도 해주까지 천 리 길을 멀다 않고 찾아온 제자였다. 그와 함께 공부를 통해 마음을 닦고 정신을 수양하였는데, 사랑하는 제자가 이제 돌아간다 하니, 그동안 가르친 것이 없는 듯하여 부끄럽다는 스승의 겸허한 아쉬움과, 헤어진 이후로도 더 열심히 공부해서 자주 공부의 진취된 모습으로 깜짝 놀라게 하리라는 스승의 학문적 다짐이 담긴 시(詩)이다. 이 무렵 율곡이 구봉에게 보낸 편지에는 "희원(希元 : 김장생의 字)이 와서 20여 일을 머무르는 동안 상장지익(相長之益 : 서로의 학문과 인격이 자라게 하는 유익함)이 있더니, 지금은 그 아버지가 불러서 가고 없습니다."라 했다. 양현의 사제 간의 관계와 학문적 정의가 얼마나 돈독하였는지를 새삼 느끼게 된다. 이렇게 김장생은 이이와 송익필의 학문적 영향을 주로 받았다. 그러나 그는 이들 이외에도 토정 이지함을 방문하기도 하고, 또 우계 성혼을 찾아가는 등 이들의 영향도 받으면서 청년기를 보냈다.

김장생은 이이와 송익필 같은 당대의 큰 유학자들에게 배워 일찍부터 학행(學行)이 뛰어났지만, 과거에는 응시하지 않았다. 그는 자신이 과거에 응시하지 않은 이유를 '자기의 기질이 노둔한 탓이라 하였으나 그것은 겸손의 말이고, 사실은 연이은 가정적 불행(11세에 모상을 당하였고, 이 무렵에 아버지가 윤원형 등 척신에게 배척을 받아 삭탈관직을 당하는 불운을 겪어야 했다)과 을사사화 등의 정치적 혼란, 그리고 이로 인한 당시 사류(士類)들의 처사적 기풍 등이 그 실질적 이유가 아니었나 한다. 그는 세속적인 희락에는 일체 마음을 두지 않고, 오직 두 스승에게서 이어받은 도학과 예학에만 전념하였다.

출사(出仕)와 연이은 아버지와 스승의 죽음

그러나 김장생의 이러한 태도는 31세에 창릉 참봉으로 출사(出

仕)하게 되면서부터 변화를 보이게 된다. 34세 되던 해에 그는 주청사(奏請使)인 아버지를 따라 명나라에 갔다가 이듬해에 함께 돌아왔다. 그러나 귀국한 지 얼마 되지 않아 아버지 김계휘가 경연 중에 갑자기 별세하게 되는 슬픔을 겪게 된다. 그리고 1년 뒤에는 스승 율곡마저 운명을 달리하게 된다. 아버지상을 당하여 김장생은 철저히 『가례(家禮)』를 좇아 행하였고 묘 아래에서 여묘살이를 했다. 그리고 비록 복중(服中)이었지만, 스승 이이의 죽음을 또한 애도하여, 매월 1일과 15일에는 따로 스승에 대한 복(服)을 입고 곡하기를 그치지 아니했다. 그리고 스승의 제사에 재소(齋素 : 목욕재계하고 素食 즉, 반찬 없이 흰밥만 먹음)하기를 늙기까지 폐하지 않았고 스승의 자제를 대함이 친형제와 같았으며 이것은 스승 송익필에 대해서도 역시 마찬가지였다.

아버지 상중에 『상례비요(喪禮備要)』를 짓다

김장생은 아버지 상(喪) 중인 36세시에 그의 최초의 예서인 『상례비요(喪禮備要)』를 완성한다. 원래 이 책은 그의 친구 신의경의 저술이었으나, 소략하고 빠진 것이 많았으므로 김장생이 이를 가져다가 꾸준히 교정하고 보완하여 일서(一書)를 만든 것이니 새롭게 보완한 부분이 10에 2, 3은 되었다 한다.

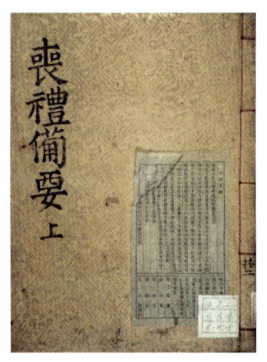

『상례비요』

그런데 『상례비요』가 완성된 이듬해(1584년)에 이이가 사망함으로써, 이후 김장생은 이이의 직접적인 가르침을 더 이상 받을 수 없게 되었다. 뿐만 아니라 이 무렵 이후에는 송익필의 가르침을 받는 일도 사실상 거의 불가했다. 송익필은 이이가 사망한 해의 2년 뒤인 병술년(1586년), 전에 아버지 송사련의 무고로 몰락했던 안당가(安塘家)가 다시 송사하여 승리함으로써 하루아침에 노비 신분으로 전락하여 목숨을 건 도피생활을 하지 않으면 안 되었다. 따라서 1586년 이후로는 김장생이 송익필의 직접적인 가르침을 받을 기회나 여유가 사실상 거의 불가능했을 것이다.

염선재(순천김씨)와의 혼인과 임진왜란

김장생은 39세가 되던 1586년, 조부인의 상(喪)을 당한다. 조부인과의 사이에서는 세 아들(櫟·集·槃)을 두었는데, 이때 김집과 김반은 각각 13세, 7세인 어린 나이였다. 김장생은 이 아이들의 양육을 위해서라도 재혼이 불가피했다. 그러나 조부인을 위한 사계(김장생)의 상기(喪期)는 1년인 기년(期年)이었다. 그리고 아버지가 살아계신 중에 어머니를 잃은 자녀들의 어머니를 위한 상기(喪期)도 기년이었다. 원래 부모를 위한 상기는 3년이 기본이지만, 아버지가 살아계시면 불이존(不二尊 : 二尊이 있을 수 없음)의 논리에 의해 어머니를 위해서는 기년복을 입어야 했기 때문이다. 그러나 사계는 이러한 아이들의 입장을 고려하여 기년이 지난 후에도 아이들의 심상(心喪 : 마음으로 슬퍼함) 기간을 포함하여 3년(만2년) 동안 애도하는 기간을 가졌다. 그리하여 3년상을 마친 후인

41세 때 염선재 김씨부인을 배필로 맞이하게 된다.

  김장생은 주로 학문에 전념하였으므로 그의 벼슬길은 완만했다. 참봉으로 시작하여 봉사·별제·동몽교관·인의 등을 거쳐 임진년(1592) 3월에는 정산(지금의 충청남도 청양군 정산면 지역) 현감이 되었다. 그의 나이 44세 때였다.

  그러나 그해 4월에 발발한 임진왜란은 국가적으로 뿐만 아니라 개인적으로도 그에게 큰 불행을 가져다 준 사건이었다. 4월에는 그의 막역한 친구인 동래부사 송상현이 동래성에서 순절했고, 또 5월에는 서울에 살던 장자 은(檃)과 은의 온 가족이 피난 중에 적에게 피살되었으며, 경상도 관찰사 김수의 휘하에 있던 서제(庶弟) 연손이 또한 경상도에서 전사했던 것이다.

  이렇게 국가적으로나 개인적으로 어려움이 컸던 전쟁 중에도 초연히 지방 수령의 역할을 다하였던 김장생은 곧이어 호조정랑(정5품)에 올라 군량 조달을 위해 호남지역에 파견되었다. 그러나 얼마 후 관직을 떠나서는 황해도의 황봉(黃鳳 : 황주와 봉산) 근처에 은거하면서 전쟁 중에 폐지되고 해이된 사학(私學)을 바로 세우고자 하여 제자와 자제들과 더불어 날마다 강송(講誦)하니 멀리서 배우러 오는 자가 많았다. 전쟁 중이라 황망한 때였음에도 불구하고 김장생은 이렇게 국가와 백성에 대하여 관리로서, 또 학자로서의 자기의 임무에 성실했음을 알 수가 있다. 또한 그는 스승 송익필이 모함을 당해 쫓기는 신세가 되었을 때 마음을 다하여 주선하고 피신처를 제공했으며, 1599년 스승이 면천(지금의 당진)에서 별세하자 장례와 제사의 모든 일을 그 자신이 친히 주관하는 등 스승을 추모하는 일에도 정성을 다하였다.

52세에 『가례집람(家禮輯覽)』을 완성하다

스승 송익필이 별세한 다음 달에, 김장생은 그의 대표적 예서인 『가례집람(家禮輯覽)』을 완성하였다. 스승의 가르침을 계승하여 이제 예학(禮學)의 종장(宗匠)이 된 그에게 이 책의 완성은 실로 의미심장한 일이었다.

『가례집람』은 당시까지 저술된 조선의 예서 중에서 가례의 예설을 가장 방대하게 집대성한 최초의 예서였다. 더구나 이 때는 임진왜란 직후여서 정치의 기강과 사회윤리가 크게 해이되었던 때라 예서(禮書)의 보급이 절실한 때였다.

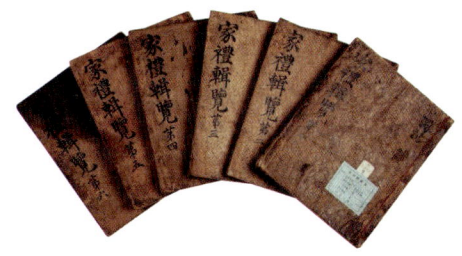

『가례집람(家禮輯覽)』

김장생은 이러한 『상례비요』와 『가례집람』 외에도, 또 문인 친구들과의 예문답을 모은 『의례문해』와 인조의 원종추숭 시도를 논쟁한 예설집 『전례문답』 등을 찬술함으로써 조선 제1의 예학자로서의 위상을 얻게 되었다. 그러나 그것은 임란과 호란 등을 연이어 겪으면서 해이된 사회기강과 윤리질서를 바로 세우기 위한 당시 조선 지식인의 사회적 책임을 다하는 길이기도 했다.

계축옥사(1613년)와 연산(連山) 강학

그러나 66세가 되던 해(1613)에 뜻하지 않던 사건이 발생하여, 가문이 온통 연좌형(緣坐刑 : 일가의 범죄에 관련되어 처벌을 당함)

Ⅲ. 염선재의 가족과 가정생활 | 83

을 받을 뻔한 위기에 직면케 된다. 그의 서제(庶弟)인 경손과 평손이 반역으로 몰린 계축옥사(癸丑獄事)에 깊게 연루되었기 때문이다. 계축옥사란 박응서(전 영의정 박순의 서자), 서양갑(목사 서익의 서자) 등 명가(名家)의 서자(庶子) 7인이 반역을 꾀하였고, 김제남(인목비의 아버지)과 영창대군이 이에 관련되었다 하여 이들 모두를 주살하고 인목대비를 서궁에 유폐시킨 정치적 음모사건이다. 처음에 대북파 정권은 이 일에 서인인 김장생을 연루시켜 제거하려 했던 것 같다. 그러나 피의자들이 모진 고문으로 죽어가면서도 한결같이 "김장생은 어진 사람이라 … 오히려 그가 이 일을 들어 알까 두려워했습니다."라 하여 김장생과의 관련을 완강히 부인하였고, 또 광해군이 민심을 두려워한 데다 대신들의 면죄 건의가 있어서 다행히 위기를 모면할 수가 있게 되었다. 이렇게 피의자들이 사지에 처해 있으면서도 이이첨 등의 강요에 굴복하지 않고 끝까지 김장생의 편에 서서 그를 비호했다는 사실은 평소에 이들의 눈에 비친 김장생의 인품과 덕망이 어떤 것이었는지를 충분히 짐작케 한다.

　계축옥사로 김장생은 철원부사직에서 축출되어 연산의 고향집으로 돌아왔다. 이때 그가 고향으로 돌아와 머문 곳이 아마도 지금의 사계고택(沙溪古宅)인 은농재(隱農齋) 자리가 아니었나 한다.[53]

---

53) 은농재는 사계의 7대손인 金悳의 별당 이름이다. 김덕은 두계공 김규의 6대 장손으로 자는 明汝, 호는 隱農齋이다. 출중한 孝行으로 철종 때에 童蒙敎官이 증직되었고 旌閭가 내려졌다. 이 집은 사계가 만년에 염선재와 더불어 살던 집이었으나 후에 김규의 계보를 이어 김덕이 물려받아 살면서 자신의 호로 堂號를 붙인 것으로 보인다.

사계와 염선재는 이 해에 8남매 중 막내아들인 김비(金棐)를 낳는다.54)

은농재(隱農齋)

---

54) 사계와 염선재 김씨는 혼인 후 슬하에 6남 2녀를 두었다.

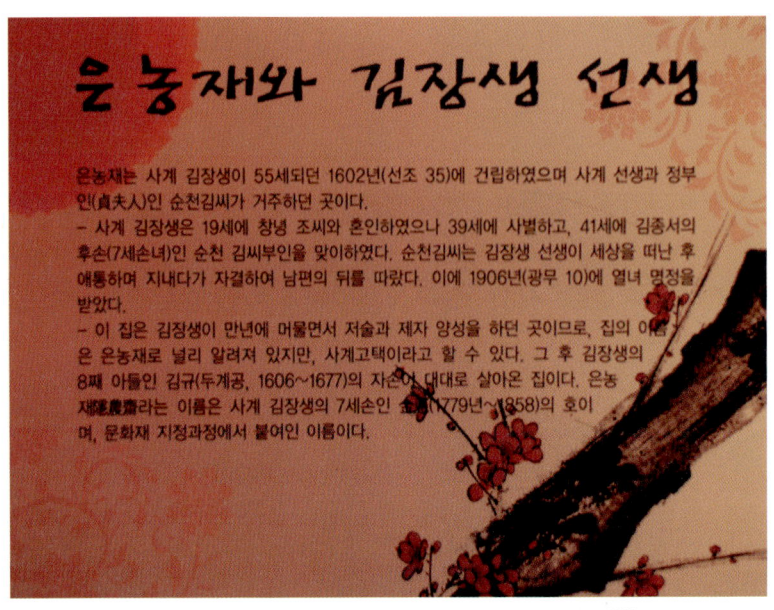

사계고택의 <사계 전시관> : 은농재와 김장생 선생

　고향으로 돌아온 김장생은 인조반정으로 다시 관직에 나아가기까지 10여 년간 두문불출하면서 오로지 경서를 연구하고 후학을 가르치는 일에만 몰두했다. 이 기간 중에 그의 대표적 경서연구인 『경서변의(經書辨疑)』(1618년)가 완성되었다. 우리는 그가 단순히 예학(禮學)의 대가였을 뿐만 아니라, 방대한 『경서변의』를 저술할 만큼 경학에 대해서도 정통한 학자였음을 알게 된다. 그의 제자인 장유는 이 책의 발문(跋文)에서

　　이 세상의 학자는 모두 글을 읽지만 의문점을 찾아내는 사람은 별로 없는데, 이는 배우면서 능히 생각하지 않는 때문이다. 생각한 다음에 의문(疑問)이 있게 되고, 의심이 있고서 문변(問辨)이 있게 되며, 문변을

거쳐서 자득(自得)함이 있고서야 행동으로 옮겨지는 것인데 이런 과정을 몸소 실천한 인물이 바로 선생(김장생-필자 주)이시다.

라고 적고 있다. 이는 김장생의 학문자세와 실천적인 삶을 잘 전해주는 글이라 할 수 있다.

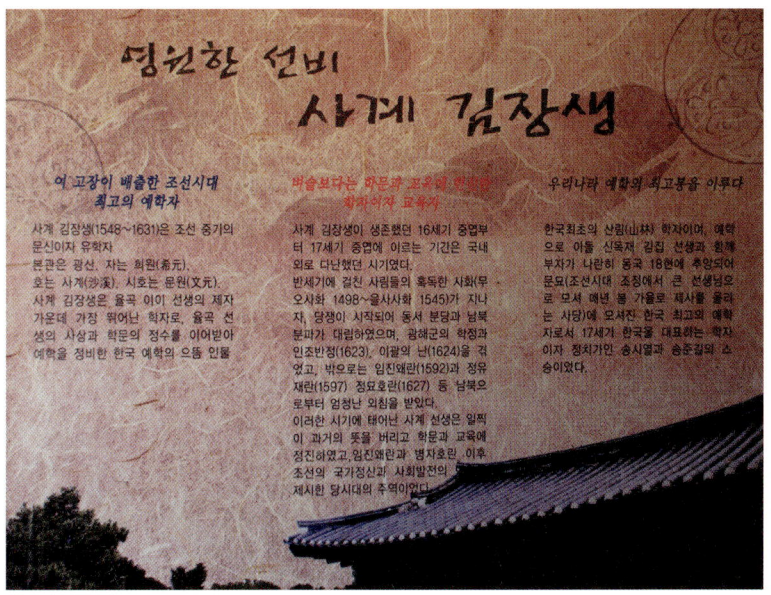

〈사계 전시관〉 : 영원한 선비 사계 김장생

계축옥사 이후의 10여 년간은 또한 김장생이 후학양성에 집중적인 노력을 기울인 때이기도 하였다. 뒷날 그의 적전(嫡傳)이 된 김집(김장생의 아들)을 비롯하여 송시열·송준길·이유태 등 그의 학맥을 적통으로 계승한 학자들이 모두 이 기간 중에 김장생의 집중적인 학문전수를 받았다. 즉 옥사 후 10년 동안 문자(門子 :

문인이면서 아들)인 김집은 그 문하에서 성리학에 침잠하였고, 1623년에는 송준길과 이유태가, 그리고 1630년에는 송시열이 각각 문하에 들어와서 본격적으로 경학과 예학을 배웠다. 실로 17세기 초반의 이 10여 년간은 사계문하에서 예(禮) 교육이 시행되고 거대한 문인집단이 형성됨으로써 사계예학파의 형성에 중요한 계기를 제공한 기간이었다 할 것이다.

인조반정(仁祖反正)과 산림(山林)으로의 출사

김장생이 76세가 되던 1623년에는 인조반정(仁祖反正)으로 정국에 일대 변혁이 일어났다. 살제폐모(殺弟廢母)의 패륜을 자행하고, 명(明)과의 의리를 저버리고, 연이은 왕궁 건설로 백성을 고통스럽게 했던 광해군의 대북정권이 무너진 것이었다. 인조반정을 주도한 것은 서인세력이었고 그 중심인물들은 김장생의 동문과 제자들이었다. 반정정권은 윤리질서의 재건과 반금친명(反金親明) 의리를 인조반정의 명분으로 삼았다. 따라서 이들은 이러한 정치적 명분을 살리고 유림의 지지를 얻고자 하여 산림(山林 : 학덕이 출중하여 과거에 합격하지 않고서도 국왕으로부터 높은 관직으로 초빙된 학자)을 대거 등용하였는데, 이때 우선적으로 초빙된 인물이 곧 김장생이었다.

김장생은 처음에 사헌부 장령(정4품)으로 나라에 부름을 받았으나 나가지 않고 먼저 반정의 주역인 이귀, 김류, 최명길, 장유 등에게 권면하고 격려하는 편지를 보냈다. 김장생은 이 편지에서 지금은 전란 후이므로 구민(救民) 정책을 펴야하는 바 과세 이외의 추렴을 감면하고, 공안(貢案)을 개정하여 수입에 따라 지출할 것, 방납(防納)을 막고 형벌을 공평히 할 것이며, 인재를 등용하고 인사관리와 형정(刑政)을 공정하게 할 것, 근신할 것 등을 당부하였다.

왕은 김장생을 위해서 특별히 사업(司業 : 성균관의 종4품)이라는 산림직(山林職 : 산림학자에게만 주던 직책)을 신설하여 유생의 지도를 맡게 하였고, 연이어 상의원정, 사헌부 집의를 거쳐 공조참의(정3품)를 제수하고, 별도로 강학관(講學官)이라 칭하여 세자 교육을 하게 하고 때때로 왕을 접견케 하였다.

김장생은 이때를 전후하여 인조에게 수차에 걸친 상소를 올려서 정치의 요체와 방책을 진달했는데, 특히 1624년(인조 2)의 만언소(萬言疏)는 이를 집대성한 것이었다. 김장생은 여기에서 임금은 만가지 변화의 근본임을 전제하고, 따라서 군주는 대본(大本)을 세우고 구업(舊業)과 홍범(洪範)을 넓히고 존중하며, 효도와 예의를 다함으로써 여러 신하의 본이 되어야 할 것과, 친히 나랏일을 잘 듣고 처리하여 민폐를 혁신하고 군정(軍政)을 닦고 궁궐 내의 기강을 바로 할 것 등을 강조하였다. 특히 그가 인조에게 『소학(小學)』을 익힐 것과 효행과 예행을 솔선수범할 것을 권면한 점은 예질서의 재건이라는 시대적 요청에 대해 왕이 솔선수범할 것을 강조한 것으로 주목된다. 예질서의 재건은 실로 당시 지식인층의 공통된 관심사였고, 산림의 대표이며 예학의 종장(宗匠)인 김장생이 담당해야 할 시대적 과제이기도 한 것이었다.

77세에 정리된 그의 『전례문답(典禮問答)』은 이러한 김장생의 시대적 역할과 의지를 분명히 보여주는 예설집이다. 여기서 논의된 인조의 생부(生父)에 대한 호칭·추존(追尊 : 원종 추숭 문제)·입묘(立廟) 문제와 복상(服喪) 문제 등은 예(禮)에 관계된 당시의 정치적 현안으로써 모두가 종법상의 정통(正統)에 관계된 문제들이었다. 김장생은 이미 『상례비요』와 『가례집람』을 저술하고, 친구 문인들과의 방대한 예문답과 예교육을 통하여 예론의 사회화에 크게 기여하였거니와, 이러한 예에 관계된 정치현안에도 적극적으로 참여하여 인조의 뜻에 거슬리는 예론을 주저 없이 전개하는 등 예가(禮家)로서의 자기의 임무를 다하였다.

정묘호란기의 양호호소사(兩湖號召使) 활동

1627년 정묘호란이 일어나 나라가 위기에 처하게 되자 김장생은 의병 모집과 군량 조달을 위한 양호호소사(兩湖號召使)의 중임을 맡게 되었다. 이는 호서·호남지방의 유림사회에서 김장생이 차지하는 비중을 짐작하게 하는 좋은 사례이다. 이때 김장생은 80세의 노령이었으나 후금의 불의의 침략에 굴복할 수 없었으므로 의리(義理)를 따라 곧 양호로 나아갔다. 그는 병사와 군량을 모집하여 강화도의 행조(行朝 : 왕이 행차해 있는 곳에 임시로 차린 조정)에 보급하고, 또 분조(分朝 : 전시 등 위급한 상황에서 왕세자에 소속된 임시 조정)에 나아가 세자를 돕는 등 구국과 민심수습에 진력하였다. 이때 김장생의 활약상은 그의 『거의록(擧義錄)』에 상세히 기재되어 있다. 그는 실로 우국충정(憂國衷情)을 몸으로 실천해 보인 실천적 지식인이었다.

이듬해 김장생은 형조참판(종2품)에 제수되었으나 출사하지 않고 향리에 돌아와서 문인과 더불어 강론을 계속하다가 84세를 일

사계 김장생의 묘

기로 세상을 마치었다. 그의 장례 행사에 참석한 인사가 무려 1천여 명에 이르렀다. 그의 묘소는 현재 향리인 충남 논산시 연산면 고정리 선영에 자리하고 있다.

예학의 종장으로 문묘(文廟)에 배향되다

사계는 율곡을 종장으로 하는 기호학파의 적전으로서, 특히 예학을 집성하여 조선 예학의 종장이 되었다. 국가는 그의 학덕을 존중하여 문묘에 배향하였고, 사림은 연산의 돈암서원을 비롯하여 전국의 여러 서원에서 그를 배향하였다.

돈암서원은 조선후기 기호계의 대표적 서원이었고, 한말 대원군의 서원정리기에도 훼철되지 않았다. 다음은 돈암서원의 주요 유적들로써 원정비, 숭례사(사당), 응도당(본래의 강당), 양성당(지금의 사당 앞 강당) 등이다.

돈암서원(遯巖書院)

돈암서원 원정비

"신독재 문경공(김집)은 어려서부터 시례(詩禮)에 이름이 알려졌다. 아버지 문원공(사계 김장생)이 생각하기를 상장지익(相長之益 : 서로의 학문과 인품이 자라나게 하는 유익)이 있다고 여겨서 부자간(父子間)에 지기(知己)라 함이 있었다.

– 〈원정비문〉에서

숭례사(崇禮詞)

응도당(凝道堂)

양성당(養性堂)

2. 부군을 위한 조용한 내조

가정에서 부군 섬기는 도리

  염선재 순천김씨는 17세에 사계와 혼인하여 62세에 절사하기까지 43년간을 함께 살면서, 자신의 분수를 지키고, 부군을 위하여 조용하고 헌신적인 내조를 하여 당시 사람들의 모범이 되었다. 염선재의 다섯째 아들인 두계공 김규(金槼, 1606~1669)는 그가 지은 염선재의 『유사(遺事)』에서 어머니 김씨부인의 평소의 가정생활의 모습을 다음과 같이 상세하게 전하고 있다.

> 가) 평소 거처하실 때는 옷을 화려하게 입지 않았고 예절에 조심하였으며 항상 음식을 과도하게 먹지 않았고 말씀이 과묵하셔서 주위의 모든 사람들이 항상 본받고자 하였다. 성품이 고결하고 깨끗하고 지나가는 곳마다 먼지가 없을 정도며 새벽에 일어나 항상 세수를 하였고 노환에도 생략하지 않으셨다.
>
> 나) 선자(先子)55) 모시는 것을 마치 밝은 주인과 엄한 스승과 같이 하셨고 비록 사적인 자리라도 절대 게으른 태도가 없었다. 가끔 귀하고 융성한 모임에도 선자(先慈)56)께서 힘써 주선하셨고 비록 큰 추위와 더위가 있더라도 음식을 새롭게 한 것처럼 하거나 솥에서 다시 음식을 한 것처럼 하셨다. 집안에서는 고요하고 한가하게 지내셔서 마치 사람이 없는 듯했으니 모든 사람들이 감탄하고 여자의 모범으로 여겼다.

---

55) 돌아가신 아버지(先君子)에 대한 칭호로 사계 선생을 말한다.
56) 돌아가신 어머니에 대한 칭호로 김씨부인을 말한다.

다) 유약하게 처신하시며 경서(經書)와 사기(史記)는 보지 않았지만 언행은 여종(女宗)57)의 규율에 부합되지 않는 것이 거의 없었다. 곱고 부드러운 자태와 겨우 입에서 나오는 듯한 작은 목소리로 말씀하셨다. 부모에게는 온 정성을 쏟아 기력이 강한 여자들도 하지 못할 정도였다.

라) 중년 이후에는 근면하셨지만 괴로운 일도 많았다. 동헌(東軒)58)에서 받은 녹봉은 겨우 가족들이 먹고 살 정도였지만 불만스런 얼굴빛이 없었다. 말년에는 사사(纚纚)59)한 일을 했지만 편하게 지내지는 않았다. 자손들의 옷이 화려하면 반드시 질책해서 고치도록 했다.

가)는 혼인 후 염선재의 절제된 가정생활 모습을 전한 것이다. 염선재는 평소에 검소하고 조심하고 과묵했고, 고결하고 깨끗함을 추구하였다는 것이다. 특히 무구포(無求飽 : 포식을 구하지 않음)는 곧 군자(君子)의 도리이니60) 염선재의 여군자(女君子)의 일면을 보이는 대목이다. 나)는 염선재의 부군 섬기는 도리를 적은 것이다. 부지런하고 조용히 부군을 섬기되 밝은 주인과 엄한 스승을 대하듯 했고, 음식 대접 또한 어떤 상황에서나 따끈한 정성을 다하여 여자의 모범이 되었다는 것이다. 다)는 염선재의 절제된 언행과 자태를 말한 것이다. 유약하게 처신하여 경서(經書)를 보지 않았고 곱고 부드러운 자태와 작은 목소리로 말하였지만, 언행(言行)은

---

57) 여자로서 남의 儀表가 됨을 말한다.
58) 지방 수령의 집무처로, 곧 사계가 외직에 있을 때의 근무처를 말한다.
59) 연약하고 부드러운 것, 즉 여자의 소소한 일 등을 비유한 말이다.
60) 『論語』「學而」篇.

여종(女宗)의 모범이 되었다는 것이다. 라)는 염선재의 중년 이후의 생활태도를 말한 것이다. 많은 식구를 부양하기에 부군의 녹봉은 빠듯했지만 늘 얼굴빛을 편히 했고, 사소한 가정일도 계속하면서, 자손들의 화려한 옷은 반드시 질책하여 고치게 했다는 것이다.

이러한 염선재의 가정생활에서의 절제되고 아름답고 군자다운 부덕(婦德)은 바로 곁에서 함께 생활하며 지켜보았던 아들 김규(金槃)에 의하여 소개된 것이라는 점에서 그 생생함이 진하게 느껴진다. 염선재의 이러한 돈독한 부덕은 김규가 전하고 있는 바와 같이 당시의 사람들이 본받고자 하고, 또 '여자의 모범'으로 삼기에 충분했을 것으로 보이고, 나아가서 그것이 오늘의 우리에게 주는 시사점 또한 적지 않다고 생각된다.

염근리(廉謹吏) 아내로서의 내조

또한 염선재는 실생활의 면에 있어서도 근검절약하여 사계의 공직 생활을 돕는 면이 있었다. 52세가 되던 해에 부군인 사계(김장생)는 안성군수에 올랐고, 이어 2년 후에는 염근리(廉謹吏 : 청렴하고 삼가하여 모범이 되는 관리)에 선발되었다. 이때 염근리의 선발(13인)은 처음 이조(吏曹)에서 뽑은 후 이를 다시 의정부가 의논하여 결정한 것이었으니 사실상 선발이 완료된 것이나 다름이 없었다. 그러나 뒤에 사간원이 문제를 제기하면서 대상자가 대폭 축소되었는데, 이때 김장생 등 9인은 최종 선발에서 제외되었다. 이로 인하여 그가 최종적으로 청백리에 뽑히지는 못했지만, 그의 청렴한 관료적 일면은 이로써 입증 받은 것이었다고 생각된다. 이

후 김장생은 익산군수 등을 역임하였고, 광해군 초에는 회양부사에 올랐다가 곧 철원부사(종3품)로 전임되었다. 사계 김장생의 이러한 청백리상 형성에는 사실상 부인인 염선재의 내조가 긍정적으로 작용하였을 것이다.

> 남편을 따라 외직으로 나갔을 때 세수한 듯 청렴하게 남편의 일을 돕고, 봉록을 적게 받았지만 매우 아껴 부족함이 없도록 했다. 아전(衙前)들이 칭송하고 탄식하기를 "관리(官吏)만 청렴한 것도 어려운데 부인(婦人)까지 청렴한 것은 더욱 어려운 일이다."라고 했다.61)

이렇게 염선재는 청렴했고 적은 봉록이라도 아껴서 부족함이 없게 했다. 그리하여 아전들의 칭송의 대상이 되고 있었다.

신독재 김집이 찬양한 염선재의 '순연한 덕(德)'

이상에서 살펴 본 염선재의 출중한 부덕(婦德)은 당대의 산림유자인 신독재 김집(愼獨齋 金集)의 찬양을 받기에도 충분했다. 이는 염선재에 대한 신독재의 다음 말에서 확인된다.

> 문경공(文敬公)62)이 일찍이 칭찬하며 탄식하시기를, "부인의 덕은 순종(順從)을 정조(貞操)로 삼지만 항상 순종만 하고 의리(義理)가 없다면, 간혹 효(孝)가 예(禮)에 어긋나며, 자녀 사랑도 혹 정(情)에 빠지게 되고, 부부사이에도 혹 친압(親狎)63)할 수 있고, 가족을 거느릴 때 혹

---

61) 『潛昭錄』, 「(順天金氏) 遺事」(金槃 撰).
62) 신독재 김집의 諡號이다. 諡狀은 동춘당 송준길이 지었다.

엄정하지 못할 수도 있을 것이다. 만약 이와 같다면 어찌 꾸밈이 없는 덕(德)이라 할 수 있겠는가? 그러나 덕(德)이 있지만 병폐가 없는 것은 다만 작은 어머님[小母]에게서 보았다.64)

요컨대 염선재의 부덕(婦德)은 순종하면서도 그 근본 의리(義理)를 알아, 꾸밈없이 소박한 덕으로 드러내 보인 것이어서 '병폐가 없는 순연한 덕(德)'이라는 것이다. 여기서 중요한 것은 염선재가 예 실천의 의리(義理)를 바로 알고 실천했다는 점이다. 공자는 예(禮)의 근본을 묻는 임방에게 "예(禮)란 그 사치함보다는 차라리 검소(儉素)한 것이 더 낫고, 상례(喪禮)는 그 치장함보다는 차라리 슬퍼하는 것이 더 낫다."65)고 했다. 이것은 예의 근본은 꾸밈보다는 차라리 그 바탕에 있다는 것이니, 곧 예 실천에서도 그 근본 의리를 아는 것이 중요하다는 말이다. 그래서 자하는 공자에게 "예(禮 : 禮行)가 (의리에) 뒤가 됩니다."라고 했고, 공자는 "나를 일으키는 자는 상(商)야로다."고 칭찬을 아끼지 않았던 것이다.66) 염선재는 이러한 원리를 알았고, 신독재는 이러한 염선재를 바로 알아 보았던 것이다.

신독재(김집)는 13세에 어머니 조씨부인을 잃었고, 아버지 사계(김장생)는 만 2년 후에 염선재를 배필로 맞았으니, 신독재의 나이 15세 때였다. 그런데 신독재는 거의 평생을 아버지 곁을 떠나지 않고 효(孝)로써 공양하기를 조금도 게을리하지 않았으니,67) 혼인

---

63) 너무 가까워 도에서 벗어난 언행을 말한다.
64) 『潛昭錄』, 「(順天金氏) 遺事」(金槃 撰).
65) 『論語』, 「八佾」篇.
66) 위와 같음.

이후의 염선재의 가정생활을 누구보다도 잘 지켜보았을 것이다. 더구나 신독재는 그 자신의 호(號)가 말해주듯이 홀로 있을 때를 삼가는 '신독(愼獨)'이 몸에 밴 예학자였고, 그리하여 동춘당 송준길로부터 '몸을 예문(禮文)에 복종하여 일생을 마쳤다(役身於禮 以終其身).'68)는 기림을 받은 돈독한 예 실천가였다.

바로 위의 인용문은 그런 예학자 신독재가 염선재 김씨부인의 부덕을 총평한 말이다. 그렇다면 염선재의 부덕은 당시대로서는 거의 완벽하고 순연한 모범적인 부덕이었다고 보아도 좋을 것이다. 그리고 그의 이러한 돈독한 부덕은 사계선생이 '예학(禮學)의 종장(宗匠)'으로 우러름을 받게 하는 데에도 긍정적으로 작용했다고 보아야 할 것이다.

3. 8남매의 어머니, 염선재 순천김씨

염선재는 17세에 사계에게 시집와서 43년 동안 사계와 해로하며 슬하에 8남매(6남 2녀)를 두었다.

조선 예학의 종장인 사계의 가법이 엄정했지만, 염선재는 늘 부지런하고 겸손하여 남의 모범이 될 만큼 사계를 잘 보필했고, 자신의 소생인 여섯 아들과 두 딸들을 모두 반듯하게 잘 키워냈다.

---

67) 한기범, 「신독재 김집의 예학사상」, 『사계 신독재의 유학사상』, 누마루, 2011.
68) 「愼獨齋 諡狀」(宋浚吉 撰).

<표8> 염선재 김씨부인의 소생 자녀(6남 2녀)

자녀	이름	출생	벼슬	비고
6남 (六男)	영(榮)	1590(선조 23)~ 1644(인조 22)	생원(生員)(1627)	
	경(檠)	1594(선조 27)~ 1632(인조 10)		○ 서화로 명성이 높았음 ○ 상례비요도를 그림
	고(杲)	1600(선조 33)~?	승사랑	
	구(榘)	1604(선조 37)~ 1684(숙종 10)	승의랑	
	규(棨)	1606(선조 39)~ 1697(숙종 23)	자여도 찰방(종6품)(1671) 참봉(1669) 첨중추(僉中樞)(1686)	○ 호목(두계공(豆溪公)) ○ 염선재의 묘지문(墓誌文)과 행장(行狀)을 지음
	비(棐)	1613(광해군 5)~ 1699(숙종 25)	진사(1651) 참봉(1659) 직장/봉사/주부/찰방	○ 『양성당제영(養性堂題詠)』을 써서 서첩(書帖)으로 남김(우암 송시열의 발문이 있다) ○ 글씨로 당대에 이름을 떨쳐 필원에 오름
2녀 (二女)	(장녀)	1597(선조 30)~?	부군은 이유(李楢)이다.	
	(차녀)	1610(광해군 2)~?	부군은 이명진(李名鎭)이다.	

아들 김규는 그가 지은 어머니의 『유사(遺事)』에서 어머니 김씨 부인의 가정관리와 자식 교육의 일단을 다음과 같이 회고하였다.

가) (어머니는) 가정을 법도(法度)로 다스렸다. 종을 부릴 때는 위엄과 은혜를 함께했고 자식에게는 반드시 옳은 방향으로 교육하셨다. 42세에 막내 동생(棐)이 태어나자 매우 사랑하며 직접 교육도 하셨다. 항상 자식들이 부지런히 공부하는지를 살피고 종아리를 치기도 하며 조금도 용서하지 않았다. … 자손들의 옷이

나) 사위 이유(李楢)가 그 어머니의 상을 당했다. 이유는 원래 약한 체질이었는데, 특히 위가 좋지 않아 병을 얻었었다. 부인(염선재의 딸)이 남편의 쇠약한 모습을 보고 견디기 어려울 것을 염려해서 장사지내기 전에 권도(權道)를 사용하기를 권유했다. 그러자 김씨부인이 정색을 하며 말하기를 "어찌 부모의 장사를 지내기 전에 고기를 먹고 술을 마시는 사람이 있는가? 내가 차마 입으로 말할 수 없구나."라고 하시며 끝내 허락하지 않았다. 이 일은 비록 작은 일이지만 평소 상복을 입고 예를 실천하려는 후손들에게 규범이 되었다.

위의 가)는 염선재가 가정을 다스리는 법도를 말한 것이다. 종을 위엄과 은혜로 부렸고, 자식을 반드시 옳은 방향으로 지도하고, 종아리를 쳐서 교육하였으며, 잘못을 조금도 용서하지 않았다는 것이다. 염선재가 종을 부림에 위엄과 배려가 있었고, 자식을 교육함에 의로움과 엄정함이 있었음을 알게 한다. 염선재가 가정을 원만히 다스리고 특히 아들들을 성공적으로 잘 양육한 비결이 어디에 있었는지를 알게 하는 대목이다.

그리고 나)는 염선재가 자녀교육에서 권도(權道)를 배척하고 정도(正道)를 지켜 예법을 바르게 실천하도록 훈육하였음을 입증하는 사례이다. 물론 병자는 상중(喪中)에도 고기와 술을 먹을 수 있다는 권도(權道)가 없지는 않았지만, 염선재는 "어찌 부모의 장사를 지내기 전에 고기를 먹고 술을 마시는 사람이 있는가? 내가

---

69) 常道(곧 正道)는 아니지만 목적 달성을 위하여 형편에 따라 임기응변으로 일을 처리하는 방도

차마 입으로 말할 수 없구나."라 하여 끝내 이를 허락하지 않았다. 그것은 비록 병중이라 하더라도 권도보다는 정도(正道)를 지켜야 한다는 주문이었고, 그것은 의리명분에 따라 실천하는 것이 곧 예를 지키는 길임을 강조한 것이었다. 이것은 염선재가 우리나라 예학의 종장인 사계선생의 아내로서 의리에 맞게 생각하고, 또 권도가 아닌 정도로써 자녀들을 엄정하게 훈육하였음을 보여주는 한 가지 징표가 된다.

그리하여 과연 염선재는 자녀교육을 성공적으로 잘 해냈다. 특히 장남 영(榮)은 생원(生員)이고, 차남 경(綮)은 그림을 잘 그려서 사계의 『상례비요(喪禮備要)』의 삽도를 그렸다.70) 그리고 5남 규(槼 : 豆溪公)는 자여도 찰방을 지냈고 후에 공조참의에 증직되었으며, 6남 비(棐)는 진사를 거쳐 찰방이 되었는데, 특히 글씨를 잘 써서 『양성당제영(養性堂題詠)』을 써서 남기었는데 송시열이 그 발문을 지었다.

이들 염선재 소생 여섯 아들의 '사림적 위상'에 대해서는 다음 V장에서 별도로 상술할 것이나, 여기서 그 대강만 살피더라도 당시 김씨부인의 소생들이 신분적 한계를 극복하고 나름대로 자기 역할을 성공적으로 잘 해내고 있었음을 보게 된다. 이 또한 그 어머니 염선재의 숨은 공이 결코 적지 않았다 해야 할 것이다.

---

70) 『光山金氏良艮公派譜』, 金綮 條..

IV. 부군의 죽음과 염선재의 절사(節死)

1. 부군(夫君)의 죽음
2. 삼년상(三年喪)을 마친 후 단식으로 절사(節死)하다
3. 염선재의 절사가 지니는 의미

1. 부군(夫君)의 죽음

염선재의 일생을 생장기, 혼인기, 절사기로 대분해 볼 때, 절사기(節死期)는 그의 절의(節義)가 선명하게 드러난 생애의 마지막 시기로써, 사계의 서거와 3년상 및 염선재의 단식절사(斷食節死)로 다시 나누어질 수 있다.

인조 9년(1631) 5월, 평소에 건강하던 사계가 갑자기 풍습(風濕)을 만나 병세가 점점 심해져 갔다. 사계는 7월부터 점점 위독하게 되었고, 염선재는 정성을 다하여 간호했으며, 아들들이 대신 간호한다고 하면 이를 허락하지 않았다.

당시 염선재는 그 자신도 또한 오랫동안 이질(痢疾)로 고생을 하여 미처 완쾌하지도 못했지만, 자주 여종들에게 부축하도록 하여 정원 가운데로 나가 자신의 몸으로 남편을 대신하도록 하늘에 빌었다. 평소 염선재의 부군을 위하는 정성이 참으로 이와 같았다.

그러나 그해 8월 3일, 사계(김장생)는 84세를 일기로 서거(逝去)하였다. 염선재는 매우 슬퍼하여 몸이 쇠약해졌고 거의 생명을 보전치 못할 지경에 이르렀으나 아침저녁으로 올리는 조석상식(朝夕上食)과 소상(小祥), 대상(大祥)의 제사 음식들을 몸소 살피면서, 부군이 살아 있을 때처럼 섬기는 예의(禮儀)를 다하였고, 3년 동안 고기나 생선 등의 반찬이 없는 맨밥을 먹는 소식(素食)을 하면서 3년 상기(喪期)를 모두 마쳤다.[71]

---

71) 『潛昭錄』, 「(順天金氏) 遺事」(金棨 撰).

2. 삼년상(三年喪)을 마친 후 단식으로 절사(節死)하다

인조 11년(1633) 11월, 부군에 대한 3년상의 모든 절차가 끝났다. 이때 염선재는 모든 자손들을 불러 놓고 결연한 의지로 자진(自盡)의 뜻을 밝히고 단식을 단행하였다. 김규가 지은 순천김씨「유사」와「묘지문」에는 이때 염선재의 단식 절사(斷食節死)의 과정이 다음과 같이 상세하게 수록되어져 있다.

자신의 의무를 다하고 단식(斷食)을 시작하다

가) 계유년(1633) 11월 상정(上丁)에, 길제(吉祭)와 협제(祫祭)를 지내고 불초(不肖)들을 불러 눈물을 흘리면서 어머님이 말씀하시었다. "내가 여자의 몸으로 쫓겨 다니는 처지에 망령되게 조상의 원한을 풀기 위해 너희 집안에 시집온 지 46년이나 되었다. 그러나 하늘의 뜻이 돌아오지를 않아 조상을 신원(伸冤)하기를 바랐지만 마침내 이루지 못했다. 군자(君子)를 모시고 제사(祭祀)를 받들면서 큰 잘못이 없었고, 여자의 몸으로 60세가 지나도록 살았으니 많이 산 것이다. 여덟 자녀가 다행히 모두 결혼을 했고 27개월의 제도가 어느덧 거의 끝났다. 내가 너희 아버지가 돌아가셨을 때 같이 따라 죽을 생각이 없었겠느냐마는 가만히 생각하니 살아 있을 때처럼 섬기는 예로 아침과 저녁으로 제사를 올리는 일이 아직 남아 있어 보통 사람의 열행(烈行)을 따를 필요가 없어 구차하게 지금까지 연명하여 왔다. 그러나 이제는 담제와 길제도 이미 지나 더 이상 살 이유가 뭐가

> 있겠느냐?72)
>
> 나) 또 올해는 마침 나의 선조(先祖)가 나라에 충성하다가 돌아가신 해이고 내가 본래부터 품은 원한이 이것뿐이니 죽어서 저승에 가서 절하고 뵙는 것도 옳지 않겠느냐?"라 하시고, 일어나 목욕하고 말하기를, "몸에 때가 있으면 씻고 싶은 마음은 모든 사람의 마음이다. 내가 죽으나 사나 그대로 둘 수 없기 때문이다."라 하시며 곧 이불을 펴고 옷을 갈아입고 누워, 음식을 끊으니, 한 번 결정한 늠름한 마음은 가을 서리와 뜨거운 태양 같아 범할 수가 없어 말로 마음을 돌릴 수가 없었다.73)

위의 가)는 염선재가 절사를 택하게 된 배경을 설명한 것이다. 염선재는 자신이 혼인한 후 부군을 내조하고 조상의 제사를 모시는 일에 큰 하자가 없었고, 60 평생을 살면서 8남매를 잘 육성하였다고 회고하고, 그가 부군을 따라 바로 죽지 못한 것은 부군의 3년상을 위한 것이었으나 이제는 삼년상의 모든 절차도 무사히 마쳐서 더 이상 살아야 할 의미가 없어졌다는 것이다. 그리고 나)는 염선재가 절사를 택하게 된 실질적인 이유를 설명한 것이다. 그것은 마침 그해가 자신의 선조(절재 김종서)가 충성을 따라 순국한 해(干支가 같은 해-필자)가 되니, 이제 그가 평소에 간직했던 원통함을 가지고 지하에 돌아가 선조를 뵙는 것이 마땅하다는 것이었다. 그리하여 그는 마지막으로 목욕하고 깨끗한 몸으로서 담담하게 죽음에 임하였다. 이것은 그가 절사를 택하게 된 이유를 스스로 선명하게 밝힌 대목이며, 그가 죽고 사는 데 얽매이지 않고

---

72) 위와 같음.
73) 위와 같음.

항상 사람의 도리를 다하려는 의지를 지닌 인물이었음을 알게 한다.

내가 절사하는 것은 조상을 신원하지 못한 죄인이기 때문이다

염선재의 갑작스런 단식 시도에 후손들은 매우 당황하였다. 그리하여 어머니에게 삼종지도(三從之道)의 논리로 절사를 만류하였다. 그러나 염선재는 '그것은 남편이 죽은 후 평생 동안 개가(改嫁)하지 않는다는 말이지 늙어서 죽으려는 사람에 대한 말은 아니다.'라고 설명하고, 단식을 강행하였다.74)

> 가) 다시 어린아이가 배가 고프다며 일제히 울며 '할머니는 우리들을 살려 달라.'고 소리치자, 억지로 잠시 허락하셨지만 바로 이전같이 하여 갑자기 혼절하시었다.
> 나) 주변 사람 중에 누군가가 말하기를, '70세 노인이 남편 따라 죽는다는 것은 예부터 들어보지 못한 열(烈)이다.'라 하며 탄식하였다. 이때 (어머님은) 겨우 실낱같은 정신을 가다듬어 불초 등에게 경계하며 말씀하시기를, "사람이 죽고 사는 것은 모두 때가 있다. 이제 내가 죽는 것은 이미 조상의 원한을 풀어드리지 못한 죄인이기 때문이다. 어찌 감히 내 몸에 훌륭하다는

---

74) 원래 三從之道는 '여자는 어려서는 아버지의 뜻을 따르고, 시집가서는 남편의 뜻을 따르며, 남편이 죽은 후에는 아들의 뜻을 따른다는 것'이다. 그러나 염선재는 이 마지막 조항을 '남편이 죽은 후 평생 동안 改嫁하지 않는다.'는 말로 해석하면서 끝내 자신의 뜻을 꺾지 않았다.

> 칭호를 잘못 더할 수 있겠느냐? 만약 그렇게 한다면 임금을 속이고 조상을 배반하는 것이 아니고 무엇이냐? 내가 죽은 후에 너희들이 만약 이 일로 거론한다면 마땅히 내가 눈을 감지 못할 것이고 영혼도 음식을 흠향하지 않을 것이니 반드시 뼈에 새겨 잊지 말라."고 하시고 다시는 말씀을 안 하시며 눈을 뜨지 않고 조용히 의리(義理)를 지켜 돌아가시니 바로 12월 9일이었다.[75]

위의 가)는 염선재가 중간에 자손들의 청을 들어 잠시 음식을 들었던 것을 전해준다. 그러나 그것은 후손들에 대한 그의 배려를 알게 하는 대목일 뿐, 종국적으로는 단식을 계속하여 절사의 길을 택하였다. 그리고 나)는 염선재가 자신의 죽음이 필부의 일반적인 종부절사(從夫節死)[76]가 아니며, 따라서 후손들이 혹시라도 자신의 죽음을 가지고 열녀(烈女)로 국가의 표창을 바라서는 안 될 것임을 당부한 것이다.[77] 그가 '사람이 죽고 사는 것은 모두 때가 있다. 지금이 내가 죽을 시기이다.'라고 말한 것은 그가 누구의 강요도 아닌 자신의 의지적 판단에 따라서, 조상의 신원(伸寃)을 이루지 못한 한(恨)을 품고서 절사를 택한 것임을 분명히 한 것이라 할 것이다.

---

75) 『潛昭錄』, 「(順天金氏) 遺事」(金槩 撰).
76) 전통사회의 관행으로 일부에서 행해졌던 '남편이 죽으면 부인이 남편을 따라서 죽는 것'을 이른다.
77) 『潛昭錄』, 「(順天金氏) 遺事」(金槩 撰).

지석(誌石)을 땅에 묻고, 유사(遺事)를 가승에 기록하다

이러한 염선재의 단식 절사에 대해서 당시의 후손들은 어떤 심정이었을까? 다음의 기사는 당시 후손들의 참담한 심정과 선조의 절행(節行)을 길이 기려야겠다는 의지가 어떤 것이었는지를 잘 보여준다.

> 신해년(1671)에 내가 자여도(自如道)78)에서 돌아온 이후,79) 부모에 대한 슬픔이 매우 컸고 세상에 드문 아름다운 행적이 세월이 오래 지나면서 전해지지 않을까 걱정해서 대략의 어머니의 지혜로운 행동의 시말을 지석(誌石)에 적어 구워서 땅에 깊이 묻고 유사(遺事) 몇 건을 초록해서 가승(家乘)80)에 수록한다. 원통함을 하소연하려니, 부모의 은혜가 넓고 큰 하늘과 같아서 끝이 없다.81)

이것은 염선재 순천김씨의 「유사」와 「묘지문」을 지은 아들 김규가 그 「유사」 말미에 붙인 기록이다. 세월이 흘러 염선재의 아름다운 행적이 사라질까 걱정하여 이 글들을 남긴다는 것이다. 그가 어머니의 죽음을 원통해 하고 또 그 호천망극(昊天罔極)한 은혜를 갚을 길이 없어 안타까워하던 간절함이 결국은 후일 염선재의 '정부인 증직'과 『잠소록』의 간행으로 결실을 보게 된 것이었다 할 것이다.

---

78) 조선시대 경상도 창원의 自如驛을 중심으로 한 역도驛道.
79) 이때 두계공 김규의 나이는 66세였다.
80) 혈통적 내력을 직계 조상을 중심으로 하여 밝힌 가계 기록이자 족보의 한 형태로써, 家牒·世系·家系·內外譜 등의 명칭으로도 쓰였다.
81) 『潛昭錄』, 「(順天金氏) 遺事」(金槼 撰).

3. 염선재의 절사가 지니는 의미

1) 『오륜행실도』의 절사의 사례와 의미

이러한 염선재의 죽음은 어떻게 평가될 수 있을 것인가? 조선시대의 『오륜행실도(五倫行實圖)』는 오륜의 실천이 출중한 역대 인물들의 절행을 그림으로 그리고 설명한 책자로써, 정조 21년(1797) 이병모 등이 왕명에 의하여 세종대의 『삼강행실도(三綱行實圖)』와 중종대의 『이륜행실도(二倫行實圖)』를 합하여 수정, 편찬한 윤리서이다.

이 책에서 열행(烈行)을 모은 열녀도를 보면 모두 35건이 수록되어져 있는데 중국의 사례가 29건이고 우리나라의 사례는 모두 6건(백제 1, 고려 2, 조선 3)에 불과하다. 중국은 역사가 유구하고 인구가 많은

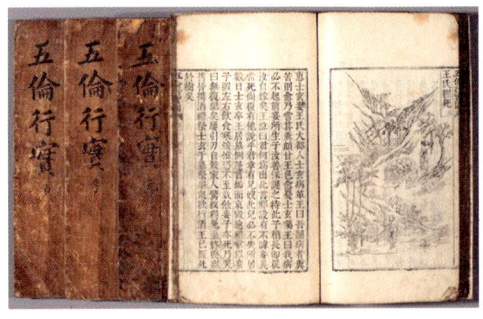

『오륜행실도』

탓도 있겠으나 상대적으로 우리나라의 두드러진 열행이 그리 많지 않았음을 시사하는 수치(17%)이다. 이 중에서 남편의 죽음을 따라서 죽은 종부순사(從夫殉死) 또는 절사(節死)로 보이는 사례는 중국 3건, 우리나라 1건 등 모두 4건이다. 물론 대표적인 사례를 뽑아 올렸을 것이다. 이 사례들을 도표화 해 보면 대개 다음과 같다.

<표9> 『오륜행실도』의 종부순사(從夫殉死) 및 절사(節死)의 사례

	나라	주제	주인공	내용	비고
①	제(齊)	식처곡부(殖妻哭夫)	기양식(杞梁殖)의 아내	여자는 반드시 의지하는 곳(부모, 남편, 자식)이 있어야 하나, 이제 아무도 없다. 이제 내가 정성과 절의(絶義)를 보일 곳이 없으니 또한 죽을 따름이다.	치수(治水)에 빠져 죽다. → 종부순사(從夫殉死)
②	송(宋)	옹씨동사(雍氏同死)	지주통판(池州通判) 조묘발(趙卯發)의 아내	(죽음으로써 자신의 성(城)을 지키려는 남편에게) "그대가 충신(忠臣)이니 내 어찌 충신지처(忠臣之妻)가 되지 못하리오. 함께 죽어서 그대를 좇고자 한다."	도적(적군)이 들어오자 목매 죽어 절의쌍절이라 했다. → 동반절사(同伴節死)
③	원(元)	왕씨경사(王氏經死)	혜사현(惠士玄)의 아내	남편이 죽은 후 부탁받은 첩자(妾子)를 정성으로 양육하다가 얼마 후 그가 죽자 목매 죽었다.	경사(經死 : 목매 죽음)
④	조선(朝鮮)	김씨동폄(金氏同窆)	김씨(金氏)(풍산인(豊山人))	부군(夫君) 이강이 말에서 떨어져 죽은 후, 김씨가 53일간을 단식하다가 죽었다.	단식순사(斷食殉死)(20세)

위의 표에서 ①의 경우는 이른바 삼종지도(三從之道)의 이치에 따른 종부순사(從夫殉死)이고, ②는 충절을 보인 부군을 따라 충신지처(忠臣之妻)로 함께 죽겠다는 의리가 담긴 절의쌍절(節義雙節)의 동반절사이며, ③은 부군의 뜻을 따라 첩자(妾子)를 맡아 기르다가 결국은 부군을 따라 죽은 종부경사(從夫經死)이고, ④는 단순한 종부순사(從夫殉死)이다. 염선재 순천김씨의 절사는 의리상으로 보면 ②와 닮은 데가 있으나, 선조의 억울한 누명을 설원(雪寃)

하지 못한 한(恨)과 자책(自責)으로 절사한 경우이니 사실상 위의 어느 경우와도 같다고 할 수는 없다.

2) 송씨부인(충암 김정의 부인)의 절사 사례

　조선시대 역사에서 염선재의 단식 절사와 유사한 사례를 하나 고른다면 그것은 사화기에 절사한 충암 김정(1486~1520)의 부인 송씨부인의 사례를 들 수가 있다. 송씨부인은 기묘사화(1519)로 부군 김정이 사약을 받게 되자 삼년상을 마친 후 그 자신도 또한 부군을 따라 죽고자 하였다. 그러나 마침 김정의 노모가 병든 몸으로 아직 생존해 있었으므로 노모를 끝까지 보살피다가 노모가 돌아가신 후에 결국 스스로 식음을 전폐하여 절사하였다.

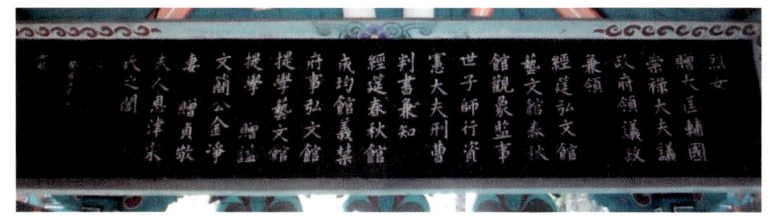

송씨부인(김정의 처) 정려

그런데 송씨부인은 그 임종하는 자리에서 후손들에게 유언하기를, "부군이 '신씨(愼氏) 복위(復位)'[82]의 정당한 뜻을 이루지 못하고 죽었으니 이 문제가 해결되기 전에는 부군의 신주를 땅에 묻지 말라."고 당부하였다.

여기서의 신씨는 곧 중종의 첫째 왕비이다. 신씨는 그 아버지 신수근이 중종반정에 반대했다는 이유로 왕비 자리에서 쫓겨났었다. 김정은 1515년 이것이 박원종 등 반정공신들의 정치적인 목적을 위한 부당한 처사였다고 비판하고, 신씨 복위와 박원종의 처벌을 요구했다가 기묘사화로 죽임을 당하였다.

송씨 부인의 자결은 기묘사화로 억울하게 죽은 부군 김정의 죽음에 대한 항변이고 고발이었을 것이다. 그러나 이 문제는 그때 그가 세상을 향하여 당장 내놓고 항변할 처지가 못 되었다. 그리하여 송씨부인은 이전에 김정이 상소하였지만 뜻을 펴지 못했던 신씨

---

82) 중종비 신씨(1487~1557)는 신수근의 딸이다. 1506년 진성대군이 중종으로 추대되어 왕후에 올랐으나, 아버지(신수근)가 연산군의 매부로 연산군 축출을 위한 반정모의에 반대하였다 하여 성희안 등에게 살해되면서 공신들의 압력으로 폐위되었다. 장경왕후 윤씨의 죽음을 계기로 金淨·朴祥 등이 복위운동을 폈으나 뜻을 이루지 못하였다. 신씨는 이후 영조 15년(1739)에 端敬王后로 복위되었다.

복위의 문제를 거론하여 김정의 못다 편 의리(義理)를 밝히고자 했던 것이다.

3) 염선재 김씨의 특별한 절사(節死)와 절의(節義)

염선재 순천김씨의 절사와 바로 앞에서 살핀 송씨부인의 절사는 '자진(自盡)을 통한 선조나 부군의 의리 추구'라는 점에서 서로 닮아 있다. 이 점에서 이들의 자진 절사는 단순한 종부절사가 아니었다. 그것은 '의리(義理)'를 밝혀야 한다는 깊은 뜻이 담긴 '선비적 절사'였던 것이다. 한국정신사를 보다 종합적이고 복합적인 새로운 시각으로 쓰려고 할 때 이들 두 여성의 절사(節死)는 분명히 수복할 만한 사료(史料)가 될 수 있을 것이다.

역사를 보면 극단의 상황에서, 또는 남편의 죽음을 뒤따라서 여성이 스스로 목숨을 끊는 자진은 중국에도 있었고 고려시대에도 있었다. 그러나 남편의 죽음을 따라 단식(斷食)으로 죽은 사례는 조선시대에도 매우 드물었다. 다만 19세기에는 '종부절사(從夫節死)'가 상당한 사례로 나타나지만 이 역시 조상의 원한을 씻기 위해서라는 의미를 덧붙인 경우는 잘 찾아지지 않는다. 후일 고종이 순천김씨에게 정부인(貞夫人)을 증직할 때 '효열(孝烈)이 높고 특이하다.'라 한 것도 바로 이 점을 이른 것으로 보인다. 이 점이 바로 염선재 순천김씨 절사의 특징인 것이다.

이러한 염선재의 절행에 대한 후대인의 평가와 공감은 대개 일치했다. 『잠소록』에서 관련 기사를 그 출처와 함께 정리해보면 대개 다음과 같다.

<표10> 염선재의 절행에 대한 후대인의 평가와 공감

유형	염선재의 절행에 대한 평가	후대인의 공감		비고
		글/신후문자	지은이	
하늘을 감동케 할 효성(孝誠)	어려서부터 부모의 명령이 있으면 곧바로 실행하였고 일의 용이함과 대소를 구분하지 않았으며 어기거나 지체하는 경우가 없었다. 대개 천성이 그러했기 때문이다.	묘지문 (1906)	김연규 (안동김씨)	정3품 통정대부 규장각 부제학
꾸밈없는 부덕(婦德)	문경공(文敬公) 김집이 일찍이 칭찬하며 탄식하시기를, "부인의 덕은 순종을 정조(貞操)로 삼았지만 항상 순종만 하고 의리가 없었다면 간혹 효가 예에 어긋나며 자녀 사랑도 혹 정(情)에 빠지게 되고 부부사이에도 혹 친압(親狎)83)할 수 있고 가족을 거느릴 때 혹 엄정하지 못할 수도 있었을 것이다. 만약 이와 같다면 어찌 꾸밈이 없는 덕이라 할 수 있겠는가? 그러나 덕이 있지만 병폐가 없는 것은 작은 어머님(小母)에게서 보았다."라고 하셨다.	유사 (遺事)	김규	염선재의 5자 자여도 찰방
죽기까지 선조를 사모함	오직 조상의 원통함을 신원하지 못해 웃는 모습을 남에게 보이지 않았으니 문경공(文敬公) 김집이 칭찬하시기를 "평생 동안 선조를 사모하는 것은 50세 나이에 부모를 사모했다는 옛사람보다 빛나는 일이다."라 했다.	묘지문 (1671)	김규 (1606~1697)	염선재의 5자 자여도 찰방

유형	염선재의 절행에 대한 평가	후대인의 공감		비고
		글/신후문자	지은이	
죽기까지 선조를 사모함	항상 문경공(文敬公)께서 선조모를 공경하며 탄식하기를 "죽을 때까지 조상을 사모하는 것은 50세에 부모를 사모하는 것보다 어려운 점이 있다."라고 하였다.	가장 (家狀)	김래현84) (광산김씨)	9세손 통사랑 전 행 의금부도사
	불행하게 시기를 만나지 못하여 평소에 웃지 않자 문경공(文敬公)께서 깊이 공경하고 탄식하며 말씀하기를 "평생 동안 조상을 사모하는 것이 50세에 부모를 사모하는 것보다 어렵다."라고 했다.	묘갈명 (1906)	이용훈 (완산이씨)	숭록대부 행 의정부 우찬성
	그러나 항상 친정 조상의 원통함을 마음에 품고 평생 동안 웃는 모습을 보이지 않았습니다. 신의 선종조(先從祖)인 문경공께서 항상 공경하고 탄식하며 말하기를 "죽을 때까지 선조를 사모하는 것은 50세 나이에 부모를 사모하는 것보다 어렵다."라고 했습니다.	상언 (上言) (1906)	김기연 (광산김씨) 등	자손 123인은 글을 통해 올렸으나 윤허를 얻지 못했다.
	어려서부터 사당에 기도하자 여름에도 얼음이 어는 기이한 일이 있었다. 17세에 아버지의 경계하는 말씀을 듣고 사계 김 선생의 가문에 들어가 천성에 근본한 지극한 정성과 깊은 사랑이 있어 그분의 효성이 먼 조상에 미칠 수 있음을 아름답게 여기셨다.	잠소록 서문	김태동 (순천김씨)	본종 10세 종손 종사랑 장릉참봉

유형	염선재의 절행에 대한 평가	후대인의 공감		비고
		글/신후문자	지은이	
가장 어려운 의리를 실천함	계유년(1633) 문원공의 탈상(脫喪)을 하던 날, 가족들과 고별하고 마음으로 남편을 따라 죽기를 맹서하니 당시 제자들이 모두 네 가지 어려운 것 중 가장 어려운 것이라고 크게 칭찬했습니다. 효열(孝烈)의 아름다운 행실이 이보다 훌륭한 것이 없지만 임금의 복위와 신하의 신원이 되기 전에는 묻지 않았습니다. 후일 숙종·영조 때 차례로 회복되었지만 오직 이에 대해서만 오래도록 숨겨지고 알려지지 않아 그동안 억울한 것을 말한다면 지금까지 300년이나 되었습니다. 진실로 성세(聖世)에 크게 잘못된 법도라 여겨집니다.	상언(上言)	연산 유생 이인식 등	■ 네 가지 어려운 것 ○ 남자가 목숨을 버리고 죽기를 결정하는 것 ○ 부인이 남편을 따라 순절(殉節)하는 것 ○ 젊은 사람이 성급하게 목숨을 버리는 것 ○ 노쇠한 사람이 조용히 의리를 지켜 죽는 것
○ 열 중의 열(烈) 효 중의 효(孝) ○ 여사(女士)	당시 집안사람들과 제자들이 모두 말하기를 "'이것은 정자가 말한 조용히 의에 나간다.'라는 것만큼 어려운 일이니 열(烈) 중에서도 열(烈)이요, 효(孝) 중에서도 효(孝)가 이에 다했다고 하였습니다." … 그의 행실과 절의를 거론한다면 세상에 없는 여사(女士)라고 할 수 있지만 300년 동안 잊혀 있다는 것은 조정의 큰 잘못입니다.	연품(筵稟)(1906)	대신(大臣) 민영규(1846~1922)	○ 1906년 4월 윤허 ○ 칙명으로 유인(孺人) 순천김씨에게 '정부인(貞夫人)'을 내림

<표10>에서 보는 바와 같이, 염선재의 절행에 대한 후대인의 공감과 찬양은 크게 ① 하늘을 감동케 한 효성(孝誠), ② 꾸밈이 없는 부덕(婦德), ③ 죽기까지 선조를 사모함, ④ 가장 어려운 의리를 실천함, ⑤ 효 중의 효(孝), 열 중의 열(烈), 그리고 여사(女士) 등으로 나누어 볼 수가 있다.

　염선재는 실로 하늘을 감동케 하는 효성의 인물이었고, 의리를 알고 그것을 소박하게 실천한 꾸밈이 없는 부덕(婦德) 소유자였다. 그리고 죽기까지 선조를 사모하는 효심85)을 가지고 있었고, 노쇠한 사람이 조용히 의리를 지켜 죽는 '가장 어려운 의리'를 실천한 열녀였다. 염선재를 효 중의 효(孝)요, 열 중의 열(烈)이라고 평한 것은 종합적이고 정당한 평가이다. 그의 돈독한 의리정신과 실천은 실로 17세기 '여자 선비(女士)'의 특이한 절행(節行)이라고 할 만한 것이었다.

---

83) 너무 가까워 도에서 벗어난 언행을 말한다.
84) 김래현은 염선재 순천김씨의 9대손으로 염선재 추숭을 위해 많은 일을 하였다. 즉 염선재의 家狀과 『잠소록』 跋文을 지었고, 이용훈에게 염선재의 묘갈명을 부탁하였다. 또한 김래현과 같은 항렬의 김철현도 『잠소록』 서문을 김덕수에게 부탁하는 등 염선재 추숭에 힘을 보탰다.
85) "종신토록 선조를 사모하는 것은 나이 50에 부모를 사모하는 것보다 더 어려운 일이다."는 신독재 김집의 말이다.

V. 사계의 아홉 아들

1. 아홉 아들들의 형제적 우애
2. 염선재 소생의 여섯 아들

1. 아홉 아들들의 형제적 우애

1) '木'자를 넣은 이름으로 하나가 된 형제들

염선재의 삶의 실제를 살피는 데 있어서 또 하나 주목되는 것은 그의 자녀 양육, 특히 그의 여섯 아들들의 성취 정도일 것이다. 1588년 염선재가 사계의 계배로 혼인하였을 때, 사계의 2남인 김집과 3남인 김반의 나이는 각각 15세와 9세였다. 따라서 아직 어머니의 보살핌이 필요한 나이였던 것이다. 아마도 이때 염선재가 이들 형제의 양육에 쏟은 노력과 정성은 적지 않았을 것으로 짐작된다.

후일 신독재 김집은 조선 예학의 종장인 아버지의 학문을 정통으로 계승하여 큰 예학자가 되었고, 산림으로 출사하여 이조판서를 역임하였으며, 사후에는 문묘에 배향되었다. 또한 허주 김반도 문과에 급제하여 그 벼슬이 예조참판과 대사헌에 이르렀다.

원래 사계는 조씨부인의 소생으로 은·집·반(檃 集 槃)의 3형제를 두었고,86) 염선재 김씨부인(계배)의 소생으로 영·경·고·구·규·비(榮 檠 杲 檠 槼 棐)의 6형제를 두었으니, 슬하에 모두 아홉 아들이 있었다.87) 사계는 이들에게 한결같이 '나무 목(木)'자

---

86) 檃(1567~?)은 임진왜란 때 서울에 있다가 그의 온 가족이 적에게 피침을 당하여 죽었다.
87) 사계는 또한 조씨부인에게서 세 딸, 김씨부인에게서 두 딸을 두었으므로 모두 14남매를 둔 셈이었다. 조씨부인의 둘째 딸은 어려서 죽었고, 큰 딸은 감찰 서경휼에게, 셋째 딸은 청녕군 한덕급에게 출가하였고, 김씨부인의

를 넣은 이름과 '선비 사(士)'자로 시작되는 자(字)88)를 지어주었다. 아마도 그것은 형제들 간에 우애를 다지고 정체성(正體性)을 돈독하게 하려는 사계의 깊은 뜻이 담긴 것이 아니었나 한다.

특히 사계는 은·경·비(檃 檠 棐)의 세 아들에게는 모두 '도지개'의 의미를 담은 이름을 붙여주었는데, 도지개란 곧 '구부러진 활을 바로 잡는 틀'이라는 뜻이니, 여기에는 사계의 평생의 신념인 '직(直 : 정직)'의 정신이 담긴 것이었다고 생각된다.

사계의 장자인 은(檃)의 처음 자(字)는 직백(直伯)인데, 이것은 사계의 요청으로 자신의 스승인 구봉 송익필이 관례(冠禮) 때에 지어준 것이다. 구봉이 은의 자를 직백으로 지은 것은 은의 아버지인 사계가 직(直)을 귀하게 여긴 때문이고, 또 구봉 스스로가 공자-맹자-주자로 전해져 온 '직(直)의 정신'을 소중하게 여긴 때문이었다.89)

이후 송익필-김장생으로 이어져 온 이 직(直)의 정신은 다시 송시열에게로 이어지면서,90) 기호학맥의 주요 정신의 하나로 자리매김하게 된다. 그런데 그것은 또한 사계의 가정에서도 아들들의 이름자[名]나 직(直)이 들어간 자(字) 등에 그 뜻이 담기게 되어 가훈(家訓)의 성격을 지니게 된 것이었다.

두 딸들은 각각 이유, 이명진에게 출가하였다.
88) 은(士直), 집(士剛), 반(士逸), 영(士仁), 경(士明), 고(士熙), 구(士方), 규(士正), 비(士輔).
89) 『龜峯集』 卷3, 「雜著」, 金檃字直伯說.
90) 『송자대전』 권134, 「잡저」 : "천지가 만물을 낳고, 성인이 만사에 응하는 원리는 直일 뿐이니, 이것은 공자 맹자 주자 세 성인의 동일한 법규이다."

2) 형제의 무고(誣告)에 함께 대응하다

그리하여 이들 사계의 아들 아홉 형제는 학문과 생활의 면에서 우애가 돈독한 관계를 유지했던 것으로 보인다. 다음은 그 한 가지 실례를 보이는 기사이다.

> 무인년(1638, 인조 16) 겨울에 아우인 고(槃)가 남의 무고로 체포당하자 선생(김집 —필자)도 편안히 있을 수가 없어서 병든 몸으로 서울에 들어가 아우 참판공 반(槃)과 명을 기다렸다. 그때 임금이 중궁 하인을 보내와 온화한 말로 개유(開諭)하기를 "늙고 병든 몸으로 냉지에서 오래 있으면 틀림없이 병이 더 심해질 것이니 물러가도록 하라." 하였다. 소인배들이 화가 동료들에게까지 파급되도록 모함하고 선동하기 위해 못하는 짓이 없었으나 임금이 하교하기를, "고에게 비록 망언의 죄가 있기는 하나 부형들이 모두 현자들이기 때문에 특별히 용서하는 것이다." 하고 이어 옥을 다스리는 신하들을 불러 죄를 빨리 씻어주게 하여 사건이 거기에서 끝났다.91)

이렇게 신독재 김집은 동생 고(槃 : 염선재의 소생 3子)가 서울에서 무고(誣告)를 당하여 어려움에 빠지게 되자, 병든 몸을 이끌고 서울로 올라가서 동생 반(槃)과 힘을 합하여 이 문제를 적극적으로 해결하고자 했던 것이다.

3) 선조(先祖)의 글을 함께 다듬고 간행하다

---

91) 『신독재 연보』 66세시 기사(1639년, 인조 17년 4월 16일자).

또한 신독재는 아버지 사계가 작고한 후 신원재(愼遠齋)에서 막내아우 김비(金棐)와 함께 아버지와 할아버지의 글을 정리 편집 간행하는 일을 하였으며, 김집이 죽은 후에는 김비가 신원재에서 선조들의 책자를 정리 간행하는 일을 지속적으로 수행하였다고 한다. 김비의 비문이나 족보에는 그의 글씨가 출중하여 우암 동춘의 칭찬이 있었고, 그 이름이 필원(筆苑)에 기재되었다고 적고 있으나, 구체적으로 신독재와 어떤 문중사업을 했는지에 대해서는 언급이 없다.92) 그러나 김비가 송시열이 짓고 김만기가 전서를 쓴 논산의 「성삼문유허비」의 비문 글씨를 썼고, 또 『양성당제영』의 글씨첩을 써서 남겼다는 사실은 신독재를 도와 문중의 전적 관련 일을 수행했고 또 신독재 사후에도 그 일을 지속했을 것임을 충분히 감지할 수 있게 한다.

신원재(愼遠齋)

---

92) 『광산김씨 판군기감사공파보』 김비 조 참조.
　　金棐 「墓碑」 참조.

2. 염선재 소생의 여섯 아들

1) 생원(生員)이 된 아들 김영(金榮)

 염선재 김씨가 사계 김장생과의 사이에서 얻은 자녀는 모두 6남 2녀였다.[93] 염선재의 장자 영(榮 : 1590~1644)은 자(字)가 사인(士仁)이다. 김영은 38세가 되는 1627년(인조 5)에 생원(生員) 시험에 합격하였다. 염선재로서는 선조인 절재 김종서의 반역 누명이 아직 씻겨지지 않은 상황에서 큰아들의 생원 합격이 큰 위로와 희망이 되었을 것이다. 이렇게 김영은 생원시험에 합격할 만큼 경학적 지식과 능력이 검증된 선비였다.
 그러나 김영은 대가집의 대개의 경우와는 달리 진사를 거쳐 벼슬길에 나가는 과정을 밟지는 않았던 것 같다. 『광산김씨 판군기감사공파보』 권4의 그의 기록에는 그가 벼슬에 나간 기록이 전혀 보이지 않는다. 그렇다면 그는 은덕불사(隱德不仕)하며 다만 학문에만 전념하면서 부모 섬기는 효행에 힘을 쏟은 위기지학(爲己之學)을 한 선비였을 것이다.
 김영의 묘는 진잠현 북성전(北星田)의 분계산(分筓山) 건좌(乾坐)에 있다. 진잠현 북성전은 지금의 유성구 학하동 일원이다. 여기 학하동 방향 분계산 기슭의 아래 지역은 최근에 모두 개발되어 드넓은 평지를 이루고 있는데, 김영의 묘소로부터 약 3~4백 미터

---

93) 이에 대해서는 앞의 <표8> 참조 바람.

가량 내려오면 대한불교조계종 자광사가 서 있고, 이 자광사 자리는 우암 송시열의 성전영당(星田影堂)이 있던 자리이다. 우암은 42세 때 영동 황간에서 이곳으로 이사하여 47세에 회덕 소제로 이사하기까지 약 5년간 이곳에서 거주하였다. 그런데 이때 우암이 이곳으로 이주한 이유가 무엇인지에 대해서는 아직 잘 알려져 있지 않다. 그러나 이번 연구에서 우암의 성전 거주지 바로 인근에 광산 김씨 김영의 묘소가 있었다는 사실이 밝혀지게 되었고, 이것은 우암의 성전 이주의 배경을 밝히고, 또 염선재 후예의 광산김씨와 우암과의 관계를 재조명하는 데 중요한 단서가 될 것으로 생각된다.

김영(金榮)의 묘

김영(金榮)의 묘비

2) 사계 예서의 삽도를 그린 아들 김경(金檠)

한편 염선재의 차자 김경(金檠)은 그림에 재주가 특출하였다. 그의 그림 실력은 예학의 종장인 사계가 인정하는 수준이었다. 기록에는 사계의 예서인 『상례비요』의 삽도가 바로 그의 작품이었다고 적고 있다.94) 아마도 사계의 『가례집람도(家禮輯覽圖)』 역시 그의 작품이 아닌가 한다.

사계는 임진왜란이 끝난 직후 조정에서 불타버린 종묘(宗廟)를 복원하고자 해서 그에게 자문을 청하였을 때(1606년)도 <종묘도(宗廟圖)>를 그리는 문제를 아들인 김집(金集)에게 위촉하여 수

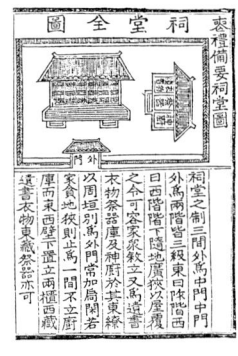
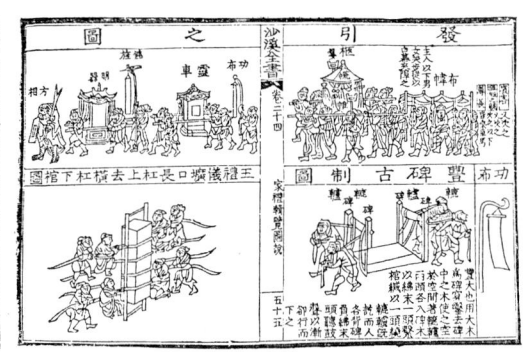

상례비요도　　　　　　　　가례집람도

---

94) 『光山金氏判軍器監事公派譜』 卷4, 金檠 條.
　　여기에서는 이때 그가 그린 그림이 「喪禮備要圖」라고 되어 있다. 그런데 『상례비요』가 처음 완성된 해(1583년)와 김경의 생몰년도(1594~1632)를 고려하면 『상례비요』의 처음 제작시에 김경의 그림이 삽입된 것은 아닌 것 같다. 그것은 아마도 후일 『상례비요』의 重刊이나 개정판에 삽입되었을 것으로 보인다.

행하였다.95) 마찬가지로 『상례비요』와 『가례집람』의 많은 삽도들이 또한 다른 아들인 김경에게 부탁하여 제작되었다면, 그것은 사계예학의 수립을 밝히는 데 있어서 중요한 내용에 속할 수 있다. 즉 지금까지는 사계예학의 최대의 협력자는 신독재 김집으로 알려져 있고, 다른 가족의 협력 사실은 세상에 잘 알려지지 않았기 때문이다. 또한 이렇게 김경이 사계 예학의 수립에 가족의 일원으로 적극 참여하였다는 사실은 염선재의 여섯 아들의 위상을 높이는 데에도 적지 않은 긍정적 영향을 미쳤다고 생각된다.

현재 김경의 묘는 실전되고 없으나 그의 신후문자인 묘비문(墓碑文)은 우암 송시열이 지었다.96) 우암 송시열과 김경의 관계가 돈독했고 긴밀했을 것임을 이를 통해서도 가히 짐작할 수 있다 하겠다.

3) 명현들과 편지로 교유한 김구(金槼)·김규(金槼)

다음으로 주목되는 인물은 염선재의 5자인 김규(金槼, 1606~1669)이다. 김규의 자(字)는 사정(士正)이고, 호는 두계(豆溪)이다. 1669년 경학(經學)으로 동부 참봉(東部參奉)에 제수되었으나 나아가지 않았다. 이후 1671년에 자여 찰방(自如察訪)97)으로

---

95) 『신독재 연보』 33세시 기사.
96) 『光山金氏判軍器監事公派譜』 卷4, 金檠 條.
97) 察訪은 조선시대에 驛站을 관리하던 종6품관의 문관직이다. 종6품의 위계는 參上官으로 분류된다. 역참은 ① 국가의 명령인 공문서 전달 ② 貢賦, 進上 등의 官需物資 운송 ③ 사신왕래에 따른 迎送과 접대 ④ 驛戶

제수되어 부임하였으나, 얼마 안 가서 벼슬을 버리고 향리로 돌아오니 1685년에 특명으로 벼슬길에 나오도록 불렀고, 1686년에 첨중추(添中樞)를 제수하였으나 사은숙배하고 바로 물러나왔다.

김규(金戣)의 묘

김규는 처음에는 황산 강상(黃山江上)에서 살다가 중년에 두계(豆溪)로 살 곳을 정하여 청복(淸福)을 누리고 살았다. 묘는 진잠 서하세동(西下細洞) 묘좌에 있다.98) 영조 경인(1686)에 손자 만종(萬鍾)의 귀(貴)99)로 통정대부 공조참의로 증직되었다.

두계공 김규는 일찍이 정훈(庭訓)을 이어받아 효우(孝友)가 출중하여 중형인 문경공 김집이 매양 책책칭효(嘖嘖稱孝 : 출중한 효자라고 크게 자랑하고 알림)하였으며, 조상에 대한 위선사업(爲先事業)에도 적극적이었다. 특히 그는 염선재의 「묘지문(墓誌文)」과 「

또는 馬戶를 편성하여 역마를 준비하여 대비시키는 일을 주로 하고, 이외에도 죄인을 체포 압송하거나 통행인을 규찰하고 특히 변방의 긴급한 군사 정보나 외교문서를 전달하는 등의 일도 했다. 김규가 찰방으로 재직하였던 自如道(지금의 창원 중심)는 경상도 11개 역로 중 하나였는데, 조선후기 자여도에는 역리 944명, 역노 78명, 역비 37명이 소속되어 있었고, 큰 말 2필, 보통 말 2필, 짐 부리는 말 14필 등이 있었다(『嶺南驛誌』참조).

98) 김규의 墓表는 외손 유형운이 짓고, 손자 만식이 글씨를 썼으며, 아들 益鉉이 「家狀」을 짓고, 黃潤 柳沆이 誌文과 墓碣銘을 지었다.

99) 김만종(1686~1771)은 두계공(김규)의 2자 익현의 둘째 아들이다. 벼슬이 가선대부 지중추부사에 이르렀다.

유사(遺事)」를 저술하여 염선재의 절사 사실이 후세에 전해지게 하였다.

한편 염선재의 4자인 김구(金榘)는 남겨진 기록이 소략하여 자세한 내력을 알 수가 없다. 그러나 초려 이유태가 이들 형제에게 편지를 보낼 때마다 '김구·김규에게'라는 제목으로 보냈던 것으로 보아 그의 사림적 위상은 동생 김규와 비등하였다고 생각된다.

(1) 송시열이 김규에게 보낸 편지 : 율곡의 '낙발설' 문제

다음은 우암 송시열이 79세 되던 해(1685, 숙종 11년)의 10월 17일에 두계공 김규(豆溪公 金槼)에게 보낸 답장 편지이다.[100] 이때는 우암이 아직 화양동에 거주지를 정하고 있을 때였다. 우암은 이듬해(1686)에 그동안 20년간의 화양동의 생활을 접고 고향인 회덕으로 돌아가게 된다. 회덕과 두계는 각각 현재 대전광역시와 계룡시에 속한 지역으로, 사실상 멀지는 않은 인접 지역이다. 이때의 편지글(우암의 답서)을 편의상 4개의 단락으로 나누어 소개하면 다음과 같다.

> 가) 지난번에 유생(柳生)이 편지를 가지고 오는 것을 우연히 야차(野次 : 객지의 숙소)에서 만난 후 답장을 쓰지 못하여 이제까지 마음에 잊지 못했네.
> 나) 다만, 보내온 편지에 깊이 배척했던 것은 문계(文季 : 金益煋)인

---

100) 『송자대전』 제118권, 「書」 金槼에게 답함(을축년, 1685).

데 문계는 자네 형의 아들이 아닌가. 형제의 아들은 자식이나 다름없는 법이네. 자식이 비록 잘못한 일이 있더라도 그의 아비된 사람은 마땅히 숨겨줘야 하는 것인데, 더구나 문계가 이런 사실이 없음에도 불구하고 억지로 죄를 만든다면 저 문계는 장차 어디서 스스로 용납될 것인가. 부디 앞으로는 이 마음을 깨끗이 버리고 한결같이 사랑으로 보살피는 마음을 가져서 신령도 위로하는 복101)을 받는 것이 어떻겠는가.

다) 그리고 낙발설(落髮說)102)이 자네에게서 나왔다는 말을 문계가 일찍이 나에게 한 적이 없으니 내가 비록 망령되어 의심을 품어보려고 한다 하더라도 될 일이겠는가. 본디 의심하려는 뜻이 없었는데 이제 무슨 풀고 안 풀고가 있겠는가. 이 또한 억지로 만든 말이니 잘못이 아닌가. 대개 올바른 도리로써 말한다면 율곡이 낙발하지 않았다는 근거가 본집(本集 : 이이의 문집을 말함)이나 제현(諸賢)의 문자에 나온 것들이 많네. 노선생(老先生)이 어찌 이런 말씀을 하였겠는가. 설사 참으로 이런 사실이 있다손 치더라도 노선생은 반드시 아버지가 양을 훔친 일을 증명하지 않을 것이네.103) 노선생이 이런 말씀이 없었는데도

---

101) '신령도 위로하는 복'이라는 것은 『詩經』大雅 旱麓에 "점잖은 군자는 신령도 위로하네[豈弟君子 神所勞矣]."라는 데서 나온 말이다.
102) 여기서의 '落髮'은 머리를 깎고 중이 되었다는 것이다. 이것은 율곡 李珥가 소년 시절에 어머니 사임당 신씨의 죽음을 겪고서 인생의 무상함을 느낀 나머지 副校理를 사직하고 금강산에 들어가 불경을 공부한 일이 있었는데, 그 당시에 이이가 머리를 깎았는지의 여부가 계속 세상의 논쟁거리로 되어 왔다. 여기서는 김규가 그의 아버지 김장생으로부터 이이가 머리를 깎았었다는 말을 들었다고 주장했다는 말이 나돈 것에 따른 변론이다.
103) 춘추시대 때 直躬이란 자가 그의 아버지가 집에 들어온 남의 양을 취했다고 관가에 고소하여 자신의 정직함을 증명하였는데, 이이의 제자인 김장생이 혹시 스승에게 잘못이 있었다 하더라도 직궁처럼 밝히려고 하

> 자네가 시론(時論)에 빌붙어 위로 어버이를 무함하려고 했다면 천지간에 용납되지 못할 일이니 어찌 이럴 리가 있겠는가.
> 라) 나는 병세가 대단하여 오늘내일 죽음을 기다리는 상황이므로 다시 서로 만나 볼 날이 없을 것이네. 평생의 계의(契誼)를 되돌아보니 자신도 모르게 가슴이 뭉클할 따름이네. 끝으로 남의 손을 빌려 초하고 이만 줄이네.

가)와 라)는 편지의 기본적인 인사글이고 핵심적인 내용은 나)와 다)에 담겨 있다. 그러나 가)는 또한 그간에 양인 간에 편지 교류가 있었음을 알게 한다. 그리고 라)에서는 "평생의 계의(契誼)를 되돌아보니 자신도 모르게 가슴이 뭉클할 따름이네."라 한 데서 평소 우암과 두계(김규) 및 그 집안사람들과의 따뜻한 우의(友誼)를 감지할 수가 있다. 그렇지 않아도 두어 해 전에 중앙 정계에서 이른바 김익훈 사건104)으로 홍역을 앓았던 우암이었다. 김익훈은 스승 사계(김장생)의 손자이고 신독재(김집)의 조카이다. 이 편지를 쓰면

지는 않을 것이라는 것이다.
104) 김익훈 사건은 경신환국(1680년) 이후 중앙정계가 재편되는 과정에서 발생한 정치적 사건이다. 그때 "유명견 허새 허영 등의 남인이 모반하려 한다."는 고변이 있었는데, 후에 그것이 김익훈과 김석주 등 서인계가 확대시킨 사건이라 하여 김익훈의 처벌 문제가 대두되었다. 이때 서인 당로자들(김수항, 민정중)은 송시열에게 "김익훈의 죄는 다만 김환을 시켜 경솔히 고발하게 하여 정황을 다 캐내지 못한 데 있다." 하였고, 따라서 송시열은 "그렇다면 지금 익훈이 誣告했다는 것은 사실이 아니니 다만 가벼운 벌을 주는 것이 옳다."라 하여 김익훈을 옹호하였다. 그러나 이것은 서인 소론계의 큰 반발을 샀고, 결국은 이것은 서인계가 노론과 소론으로 분당하게 되는 하나의 단초가 되었다.
『송자대전』 권215, 「연보」 77세시 기사(1683년 2월 27일자) 참조

서 우암을 가슴 뭉클하게 한 것은 어려운 상황에서 그가 스승의 후손들을 감싸고 돌보고 싶어 했던 그간의 자신의 애틋한 정서가 다시 진하게 느껴졌던 때문이었을 것이다.

나)에서는 문계(文季)가 나온다. 여기서의 문계는 김익견의 자(字)이니, 곧 김규의 형인 김영(金榮 : 염선재 소생의 장자)의 아들이다. 그는 두계공 김규의 큰조카가 되는 셈이다. 김익견은 우암의 문인이다. 우암의 문인록인 『화양연원록』에 그 이름이 수록되어져 있다. 편지의 내용은 두계공 김규(염선재의 5자)와 그의 조카 김익견(金益煙)과의 사이에 어떤 오해가 있었음을 밝히고, 그것이 오해였다는 사실을 우암 자신이 두계(김규)에게 밝혀서 두 사람이 화해하게 하고자 하는 뜻을 담고 있다.

다)는 그 오해를 불러일으킨 내용의 전말이다. 그것은 소년시절 율곡 이이의 금강산 입산 문제와 관련된다. 일찍이 율곡은 16세에 어머니를 잃고 크게 상심하여 3년상을 마친 19세에 금강산에 들어가 약 1년간 불경(佛經)을 공부한 적이 있는데, 그때 율곡이 머리를 깎고 들어갔는지 아닌지 하는 이른바 '낙발론(落髮論)'이 세상에 떠돌고 있었다. 그런데 이 편지글에 의하면 그 소문의 출처가 바로 김규가 아버지 사계(김장생)로부터 전해 듣고서 세상에 알려진 것이라는 일설이 있었고, 또한 김규는 그것이 김익견에 의하여 우암에게 전해진 것으로 오해하여 일말의 갈등이 생겼다는 것이다. 이에 대하여 우암은 두 가지로 사실을 밝혀서 오해를 해소하고자 했다. 하나는 자신이 김익견으로부터 이 말을 전해들은 바가 없다는 것이고, 또 하나는 그때 율곡이 낙발(落髮 : 머리를 삭발함)하지 않았다는 기록이 여러 곳에 수록되어 있고, 또한 설사 그것이 사실이었다 해도 사계 선생이 그 일을 그렇게 발설하지는 않았을 것이라는 것이다.

요컨대 이 편지의 내용은 율곡에 대한 낙발설의 출처가 사계(김장생) → 두계(김규)에게 있다는 설 자체가 근거가 없는 것이며, 또한 그것이 김익견에 의하여 우암에게 전해졌다고 하는 설도 오해에서 비롯된 것임을 밝히고, 이로써 우암(송시열)이 스승 집안의 두 사람과의 갈등을 화해시키고자 한 것이었다.

북벌의 '선봉장'으로 추천된 김익견(金益熞)

그러면 여기서 보는 바와 같이 우암 송시열이 적극적으로 옹호하고자 했던 김익견은 우암과의 어떤 특수한 관계를 가지고 있는 것이었을까? 이에 대해서는 다음의 김익견 족보 기사가 주목된다.

> 자(字)는 문계(文季)니 인조 무진 1628년 2월 10일에 출생하였다. 병자 후에 효종(孝宗)께서 북벌하려 할 때 선봉(先鋒) 재목으로 우암이 공을 천거했다. 그러나 공이 출각(出脚)할 뜻이 없다 하므로 우암이 이 뜻을 임금께 아뢰니 임금께서 이상하지 않다 하고 꼭 (장차) 의주부윤을 삼아야 하겠으니[105] 불러오라 하므로 우암이 이 명을 받들고 가서 부르니 또 사양하고 부임하지 않았다. 임금께서 진노하여 곧 잡아오라 하여 금부(禁府)에 가두려다가 다시 명을 내려 입시하라 하니 공이 숙배(肅拜)하러 갈 즈음에 임금의 환후(患候)가 심하여 사흘 만에 승하하니 북벌계획이 잠잠하므로 벼슬을 버리고 고향으로 돌아왔다. 갑술 정월 3일에 졸하였다. 묘는 진잠면 중세동 경좌이다.[106]

---

[105] 『光山金氏判軍器監事公派譜』 卷4, 金益熞 條.

이것은 전후 배경이 생략된 채 기술된 것이어서 그 실제를 가늠하기가 쉽지는 않다. 그러나 김익견의 족보에 수록된 내용이 효종의 북벌사업(北伐事業)과 관련되고, 또 이에 대한 우암 송시열의 역할이 구체적으로 명기되고 있다는 점에서 주목된다. 사실상 이곳 충청의 연산과 회덕은 효종대 북벌운동의 총 본산이었고, 그 중심에는 우암 송시열이 위치하고 있었다. 연산의 사계 가문에서는 신독재 김집이 산당(山黨)

김익견(金益堅)의 묘

의 영수였고, 김익견은 바로 신독재(愼獨齋) 김집(金集)의 조카이면서 또한 우암(尤庵) 송시열(宋時烈)의 문인이었다. 이 기사가 범상치 않은 내용을 담고 있고, 그럴만한 충분한 여건과 배경이 있는 기사임을 이내 짐작할 수가 있다.

연산과 회덕을 중심으로 전개된 효종초 북벌운동의 실체가 아직 제대로 밝혀지지 못하고 있는 상황에서 이 자료가 시사하는 의미는 결코 작지 않다. 이때의 북벌운동이 대전지역에서 우암을 중심으로 구체적으로 '선봉장(先鋒將)'을 논의하는 단계에까지 가고 있던 것이었음을 직설적으로 기술하고 있기 때문이다. 이것은 앞으로 효종초의 북벌운동의 실체를 밝히는 의미 있는 하나의 단서가 될 수 있을 것이다.

---

106) 위와 같음.

(2) 이유태와 김구(金槼)·김규(金楏)와의 편지 교류

그런데 이후 염선재의 아들들은 숙종 초에 또한 초려 이유태 (1607~1684)와도 돈독한 관계를 유지하고 있었던 것 같다. 그것은 초려문집인『초려전집(草廬全集)』에 광산김씨 김구·김규 형제 (염선재의 넷째, 다섯째 아들)와 주고받은 편지가 여섯 편이나 실려 있는 데서 이를 확인할 수가 있다.107) 이유태는 송시열 송준길과 함께 사계 김장생과 신독재 김집 양선생의 고제 3현이 되는 명현이다. 두계공 김규 형제가 사계의 고제 3현인 당대의 명현들과 서신을 주고받는 교류를 하고 있는 것은 당시 염선재의 아들들의 사회적 위상이 어떤 것이었는지를 입증하는 단서가 된다.

이 편지글들은 대개 1674년부터 1682년까지 사이에 주고받은 편지이나, 김구·김규가 보낸 편지는 한 통도 전하는 것이 없이 이유태의 글만으로 되어 있어서 그 내용의 전모를 파악하기에 어려운 점이 없지 않다. 그 핵심 내용을 발췌하여 소개하면 대개 다음과 같다.

① 答金士方(槼) 士正(楏)書(甲寅 十二月) 1674. 12.

사헌부의 입락(立落) 계획은 이미 논계하였고 더욱이 주모자와 공모자, 그리고 빈청에서 참계(參啓)한 사람들이 어떤 죄를 정해 처벌할지 알 수 없습니다. 이것 또한 떠날 차비를 갖추고 명을 기다릴 따름입니다. "넓고 큰 계획을 보고 묻습니다." 이것은 광릉(廣

---

107)『草廬全集』卷10,「書」, '答 金士方(槼) 士正(楏)'.

陵)108) 때 사람들이 마주 대하여 말했던 것입니다. 지금 조정에서 반드시 처분이 있을 것이니 자유롭지 못할 때가 걱정될 뿐입니다.

② 答金士方 士正書(乙卯 八月) 1675. 8.

우암(송시열)이 장기(長鬐)109)로 이배(유배지를 옮김)되었다는 소식에 (나도 이배가 있을까 하여) 아침저녁으로 명을 기다리고 있다가, 이른바 "구들이 결정되었지만 얼굴빛은 변하지 않았다"라는 형국이 되었습니다. 한양의 편지가 끊기고 집안의 서신조차 드물게 도달했지만 오랫동안 흔들리지 않고 세상일을 각성하고 있어 끝이 없으니 원컨대 각자 스스로 보신(保身)하기 바랍니다. 이미 늙어 비록 죽더라도 진실로 여한은 없습니다. 단지 노선생의 유고가 아직 수정, 정리되지 못했으니 천고의 한이 될까 걱정입니다. 이것이 마음을 편치 않게 할 뿐입니다.

③ 答金士方 士正書(戊午 十一月) 1678. 11.

무료한 가운데 편지를 받고 삼복(三復)110)한 이래로 눈이 밝아질 뿐 아니라 마음도 열리게 되었습니다. 요즘 여러 가지 상황이 뜻같으니 더욱 위로가 됩니다. … 4년 동안 벽지에 있었지만 큰 병을 면한 것도 괴이한 일입니다. (중략) 또 들었던 것과 같이 반드시 서로 조심하고 경계해야 할 것입니다. 친구의 도(道)가 마땅히 이와

---

108) 廣陵散. 죽림칠현 중 하나인 혜강이 형장에서 마지막으로 탄 琴曲인데, 이곡은 전국시대 섭정이야기를 묘사하고 있다.
109) 이때 우암은 덕원에서 장기로 이배되었다(한기범, 『우암 송시열의 생거지와 적거지』, 누마루, 2014 참조). 옛 長鬐縣은 지금의 포항시에 포함되어 있다.
110) 『論語』「先進」편에 나오는 말. '백규'라는 시의 내용을 하루에 세 번 반복한다는 뜻이다.

같지 않을 수 있겠습니까!

④ 與金士正兄弟書(壬戌 三月) 1682. 3.

조금 날씨가 온화하고 따뜻하기를 기다려 금협(錦峽 : 금산)에 다녀오고자 합니다. 만약 이때 우암(송시열)이 나중에 와서 만난다면 이 길을 경유하면 됩니다. 그리고 인하여 주변의 여러 말들을 취합하여 간다면 더욱 편리할지 어떨지요? 늙도록 잊지 못하고 늘 그리워하는 정에 대해 맨발로 전송할 정도라 했으니, 친구라면 진실로 이와 같지 않을지요? 고맙습니다.

⑤ 與金士正兄弟書(壬戌 三月) 1682. 3.

"세 노인이 한번 모이는 것은 진실로 행운입니다. 바로 친구들이 멀리서 온다니 고맙습니다. …" 우암(송시열)의 글은 이와 같습니다. 우회하여 단속하고 살핌을 다시 취하지 못하게 되니 정좌(鼎坐)하지 못함을 한스럽게 생각합니다.

⑥ 答金士正書(壬戌 四月) 1682. 4.

처음으로 수일 전부터 분산(墳山)[111] 곳곳을 돌아다녀 어제 집에 돌아오게 되었습니다. 25일 사이에 옛 고운(孤雲)에 투숙하고자 하였고 다음날 다시 근력을 살펴 우리(牛里)를 돌아 저녁에 돈재(遯齋)의 아래까지 가려고 하는데 그 사이 날씨가 갤지 비가 올지 알지 못하겠습니다. 이전에 우암(尤庵)과 함께 하기로 한 모임이 이루어지지 않아 탄식한 일은 이전 편지에 대략 진술하였습니다. 봉천(蓬川)과 다시 약속할지 알려주기 바랍니다. (하략)

---

111) 墳山은 묘지로 쓰는 산을 이른다.

김구·김규 형제와 초려 이유태와의 이러한 서신을 통한 교류는 숙종 초기 염선재 후손들의 사림적 지위(士林的 地位)를 가늠케 한다는 점에서 그 의미가 작지 않다. 그것은 앞의 우암 송시열과의 서신을 통한 교류를 포함하는 것으로서, 당시 이들 형제(김구, 김규)가 이른바 사계의 고제 3현(高第三賢)들과 당당하게 편지를 주고받을 만큼의 위상을 지니고 있었음을 입증하는 자료가 된다는 점에서도 주목된다.

그런데 초려의 이 편지글들에서 가장 주목되는 것은 임술년(1682년) 3월과 4월의 기사이다. 이 편지에는 이들 김구(金榘)·김규(金槼) 형제가 우암(송시열)·초려(이유태)의 화해의 만남에 관심을 가지고 이를 적극 주선한 것으로 보이는 기사가 들어있기 때문이다. 그렇다면 그 실상은 과연 어떤 것이었을까?

먼저 『우암 연보』에는 이와 관련된 당시의 실정을 다음과 같이 적고 있다.

> 선생이 해상(海上 : 유배지 거제-필자)에서 돌아오자, 초려(草廬, 이유태)도 그의 고향으로 돌아왔다. 선생이 옛날 정의를 잊지 못하여 매양 한번 만나보고 지난 일을 개설(開說)하고자 하였다. 이때에 와서 진산(珍山)과 금산(錦山)의 중간 지점인 검동촌(檢洞村)에서 모이기로 약속하고 여러 날 동안 와서 기다렸으나 초려가 끝내 이르지 않았다. 뒤에 초려가 듣고 그의 자제들이 그 길을 막은 것을 꾸짖었다 한다.112)

---

112) 『우암 연보』 76세시 기사(1682년 3월 조).

여기서의 17일은 우암이 1차 유배에서 해배(1680년)된 지 3년째 되던 해(1682년)의 3월 17일이다. 우암은 옛 친구 초려(이유태)와의 정의를 잊지 못하여 한번 만나서 개설(開說)하고자 하여, 진산 검동촌에서 만나기로 약속했으나 결국은 만나지 못했다는 것이다.

그런데 같은 시기의 『초려 연보』에는 양현간의 화해를 위한 만남의 시도가 훨씬 더 자세하게 나와 있다. 이것을 요약해 보면, 해배 이후 양현(송시열과 이유태)의 화해를 위한 첫 만남의 시도는 두촌(豆村 : 곧 豆溪로 보인다)에서 만나자는 약속이었다. 이때 초려는 진잠(鎭岑)으로부터 두촌에 가서 기다렸으나 우암이 '손자의 병'으로 인하여 오지 못하고, 편지를 보내 후일 진산(珍山) 검동촌(檢洞村)에서 만나기로 다시 약속하였다. 그런데 이번에는 우암이 검동촌에 먼저 와서 기다렸지만 마침 진산에 비가 많이 와서 초려가 다음날 날이 개기를 기다려서 검동촌에 가보니, 우암은 이미 그 전날 저녁에 글을 남기고 회덕(懷德)으로 떠나고 없었다 한다.113) 이리하여 양현의 화해의 만남은 끝내 이루어지지 못하고 말았다. 우암은 그의 나이 80세에 지은 「자경음(自警吟)」이라는 제목의 시에서 '벗을 사귐에도 충후하지 못해'라고 쓰고 있다. 이 말에는 그의 초려와의 교우 관계도 포함되었을 수 있다.

그런데 이 초려의 『연보』 기사에서 특히 주목되는 것은 김구·김규 형제가 이들 양현의 동태에 주목하면서 그 만남을 적극적으로 주선하고 있었음을 입증하는 다음 대목이다.

---

113) 『초려 연보』 76세시 기사((1682년 3월 조).

선생(이유태-필자)이 분황(焚黃)114)을 위해 장차 금협(錦峽, 곧 금산)115)에 들어가고자 하였는데, 김찰방(金察訪) 구(榘) 형제(金榘, 金槼)가 사람을 보내서 글로 알리기를, "구(榘)가 들으니, 우암대감이 본댁을 나와서 작작왕배(昨昨往拜)하며 이런저런 세상 이야기를 하는 중에 말이 대감(이유태-필자)에게 미치자, 답하기를 '모(某: 이유태)와 더불어 회포를 풀고 싶다고 말하고, 두촌에서 만나자고 한 약속이 연기되어 이루어지지 못하였은즉, 마땅히 병든 몸을 이끌고라도 갈 것이니 이 뜻을 초려에게 전하고 만날 시기를 알아보라.' 하여 이로써 알립니다."고 운운하였다. 또 "바라건대 대감이 거행 여부를 잘 헤아려서 반드시 시도함이 어떻겠습니까? 이것은 범연한 일이 아니니, 만일 기회를 놓친다면 사람들이 명가지일(命駕之日)이라 할 것이니, 이 인편의 회신에 상세한 가르침을 바랍니다."고 운운하였다. (하략)116)

　이로써 보면 김구·김규 형제가 우암 초려 양현의 화해의 만남을 적극적으로 주선하고 있었음이 분명하다. 특히 이들이 처음 만나기로 한 두촌(豆村)은 다름 아닌 염선재와 이들 형제가 세거해 온 두계(豆溪)일 것이라는 점, 그리고 이들이 당시의 초려의 입장을 적극적으로 배려하면서 두 번째의 만남을 적극 권고하고 있다는 점 등은 양현의 화해 시도에 있어서 이들 형제들의 역할과 위상이 어떤 것이었는지를 보다 선명하게 전해 준다.

---

114) 분황이란 관직을 추증할 때 사령장(辭令狀)과 누런 종이에 쓴 사령장 부본을 주면, 그 자손이 추증된 사람의 무덤 앞에서 이를 고하고 누런 종이의 부본을 불태우던 일을 말한다.
115) 『초려 연보』 76세시 기사((1682년 3월 조).
116) 위와 같음.

4) 『양성당제영』(글씨첩)을 남긴 막내아들 김비(金棐)

김비(金棐 : 1613~1699)는 염선재의 막내아들이다. 그의 자는 사보(士輔)이고, 호는 묵옹(默翁)이다. 김비는 진사(進士)를 거쳐 그 벼슬이 찰방(察訪)117)에 이르렀다.

특히 김비는 글씨가 출중하여 그 이름이 당시의 필원(筆苑)118)에 올랐다. 그의 묘비문에는 이에 대해서 다음과 같이 적고 있다.

> ○ 일찍이 가학(家學)을 계승하여 계술지업(繼述之業)을 잘 닦았고, 또한 서법(書法)에 대하여 공부해서 우암 동춘 양선생과 더불어서 화필(畵筆)에 기운이 있다는 평이 있었다.119)
> ○ 해서(楷書)를 잘 써서 필원(筆苑)에 등재되었다. 서화(書畵)에 뛰어남이 있어서 우암 동춘 양 선생의 지극한 칭찬이 있었는데 (글씨로는) 『양성당제영』과 우암이 지은 '사계십영 근기(謹記)'가 있다.120)

이렇게 그의 묘비에서는 한결같이 김비가 글씨에 출중하여 우암 동춘 양선생의 칭찬을 받았다고 적고 있고, 남겨진 그의 글씨첩

---

117) 金棐 墓碑文(舊碑) 참조.
   김비는 효종 2년(1651)에 進士가 되었고, 효종 10년(1659)에 筮仕 西部參奉을 하였다. 祥瑞院 直長을 역임했으며, 光興封事 西部主簿를 지냈고, 長水 利仁 平邱 등 三道察訪을 역임하였다.
118) 옛적 名筆들의 이름을 모아 적은 冊.
119) 金棐 墓碑文(舊碑, 癸丑).
120) 金棐 墓碑文(新碑, 1996) 참조.

을 구체적으로 소개하고 있다. 이외에도 그의 글씨로는 논산에 있는 「성삼문유허비」가 있다.121) 이 비의 정식 명칭은 「창녕성선생유허비」이다. 이 비문을 지은 이는 '좌의정 송시열'이라 되어 있고, 비문의 글씨를 쓴 이는 '비인도 찰방 김비'라고 되어 있다. 김비가 당대의 유현인 우암 송시열과 더불어서 비문의 찬자(撰者)와 서자(書者)로 같은 비(碑)에서 만나고 있는 것이다.

특히 김비가 쓴 『양성당제영』은 명성이 높다. 양성당은 사계 김장생이 55세 때, 곧 선조 36년(1602)에 연산의 임리에 지은 서당 건물이다. 기록에 의하면 조선 세조 때, 이곳에는 최청강(崔淸

김비(金棐)의 묘

---

121) 『문화유적총람』, 금석문 편(논산군), 「성삼문유허비」, 충청남도, 1993.

江)의 별업(別業)122)인 아한정(雅閑亭)이 있었는데, 사계의 큰할아버지가 구해서 소유하게 되었다. 아한정에는 액자로 걸린 시문(詩文)이 매우 많았으나 임진왜란(1592~1598) 때 정자(亭子)와 시(詩)를 적어 놓은 편액이 모두 불타서 없어졌다. 후에 사계 김장생(沙溪 金長生 : 1548~1631)이 이 아한정의 옛터에 정자를 고쳐 짓고 그 이름을 양성당(養性堂)이라 하였다.

성삼문유허비(탁본)

『양성당제영』

『양성당제영(養性堂題詠)』은 '사계십영(沙溪十詠)'이라고도 한다. 이것은 사계가 양성당(養性堂)을 건립하고, 10여 명의 저명인사들로부터 아한정의 옛 운[古韻]과 사계10영(沙溪十詠)의 경치에 따른 종별시(種別詩)를 받아서 액자로 만들어 건 것인데, 1636

---

122) 別業은 곧 지금의 別莊과 같은 것이다.

년에 김장생의 막내아들 김비(金棐)가 제영이 인멸될까 염려하여 베껴 써서 1권의 책으로 묶은 것이다.123) 이 책에는 시문(詩文) 외에도 양성당의 창건 기록 등이 적힌 김장생·정호의 「양성당기(養性堂記)」와 송시열의 「발문(跋文)」이 수록되어 있다. 『양성당제영』은 현재 대전광역시 문화재자료 제21호로 지정되어 있다.

5) 염선재의 여섯 아들의 사림적 위상

염선재의 여섯 아들들은 예서 연구를 비롯하여 아버지 할아버지의 저술을 정리 편집 간행하는 일에 상호 협력하였고, 문중사업과 문화사업에도 공동의 협력자로서 역할을 하였다.

또한 이들은 생원시에 합격하기도 하고, 진사를 거쳐서 벼슬이 찰방(종6품)에 이르기도 하였다. 그리고 이들의 교류 범위는 사계의 고제 3현(高第三賢)인 송시열 송준길 이유태 등과의 교류로 이어지고 있었다. 김규는 송시열과 편지 교류가 있었고, 김구·김규 형제는 이유태와 수차례의 편지 교류가 있었으며, 김경은 그림으로써 이들과 예서로 연계되고 있었다. 특히 김비는 글씨가 출중하여 우암·동춘과 함께 이름이 났고 「성삼문유허비(成三問遺墟碑)」의 건립시에는 우암과 함께 당당하게 찬자(撰者)와 서자(書者)로서 활동하고 있었다. 또한 김익견(김영의 아들)은 우암의 문인으로서 특히 효종대 우암의 북벌운동에 참여한 것으로 보인다.

---

123) 김영한, 「양성당제영」, 『향토문화연구』 제1집, 충남향토문화연구회, 1985.

Ⅵ. 염선재의 절행(節行)에 대한 후대인의 현창

1. 염선재의 신후문자(身後文字)
2. 재실 '염선재(念先齋)'의 건립
3. 1906년 정부인(貞夫人)의 칙명 교지
4. 『잠소록(潛昭錄)』의 간행과 정려
5. 잠소사(潛昭祠)의 건립

1. 염선재의 신후문자(身後文字)

염선재는 1633년 선조인 절재 김종서의 신원이 이루어지지 못함을 한탄하여 단식으로 절사하였고, 그의 장지는 처음 진잠에 정해졌다가 11년 후인 1644년에 연산현 동쪽 동금암 병좌 언덕에 이장되었다. 그것이 곧 지금의 염선재의 묘소 자리이다.

처음 염선재의 묘소에는 다만 '유인(孺人) 순천김씨의 묘'라는 표석이 세워져 있을 뿐이었다. 염선재의 출중한 효열을 생각하면 그것은 너무나 초라한 묘표였던 것이다. 그러나 다른 한편으로 염선재의 출중한 절행을 기록으로 남긴 「묘지문(墓誌文)」과 「유사(遺事)」가 또한 제작되었으니, 그것은 그의 다섯째 아들인 두계공 김규에 의하여 만들어진 것이었다.

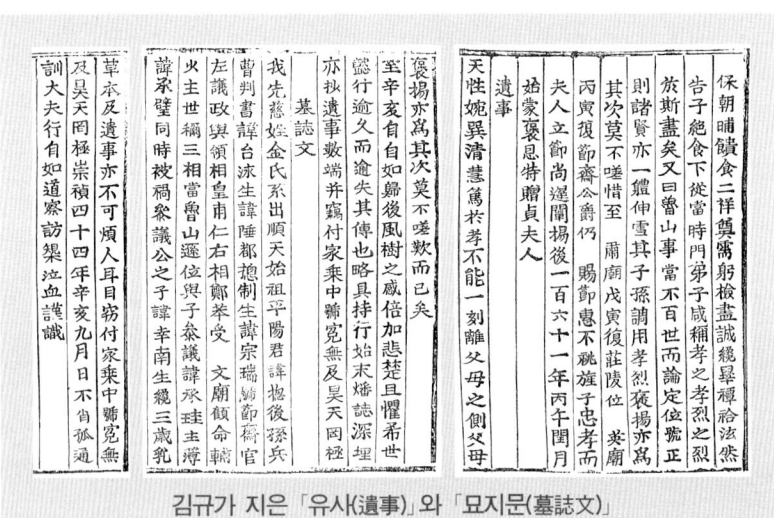

김규가 지은 「유사(遺事)」와 「묘지문(墓誌文)」

두계공의 이 두 가지 저술은 염선재에 대한 최초의 신후문자(身後文字)로써, 후일 김래현의 「가장(家狀)」, 김연규의 「묘지문(墓誌文)」 및 묘제문이나 전(傳) 송(頌) 등 대개 1906년경에 제작된 모든 신후문자들의 기본 자료가 되었다. 후에 이러한 글들을 모아 그의 생애를 정리한 책이 바로 『잠소록(潛昭錄)』이다. 그런 점에서 염선재 김씨부인의 절행이 고종대에 알려져 정부인(貞夫人)에 추증되고, 그것이 오늘에까지 세상에 널리 알려지게 한 단초는 바로 두계공 김규가 남긴 이 두 가지 신후문자(身後文字)였다 할 수 있다.

2. 재실 '염선재(念先齋)'의 건립

재실 '염선재(念先齋)'

VI. 염선재의 절행(節行)에 대한 후대인의 현창 | 149

고종 19년(1882), 염선재의 후손들은 계룡의 금암에 재실인 '염선재(念先齋)'를 지어 선조비의 제사 공간을 마련하였다. 염선재가 절사한 지 실로 250년 만의 일이었다. 재실 '염선재(念先齋)'는 '선조를 생각하는 집'이라는 뜻이니, 선조 절재공의 신원을 간절히 바랐던 순천김씨의 염원을 잘 드러낸 이름이다.

재실 염선재는 원래 작은 제각이었으나, 1913년에 현재의 건물로 증축되어 조선말 전통 가옥 형태를 잘 보존하여 1990년 9월 27일 지방문화재 자료 제316호로 지정되었다.

3. 1906년 정부인(貞夫人)의 칙명 교지

1) 배경 : 절재 김종서의 신원

염선재 순천김씨의 절행(節行)에 대한 후대인의 평가(評價)나 추숭(追崇)은 자유롭지 못했다. 그것은 염선재 자신이 그의 죽음을 단순히 부군(夫君)을 따라 죽은 것이 아니라 하고, 또 그가 죽은 후 자신의 일을 국가에 알려서 표창하는 일 따위를 한다면 그것은 임금을 속이고 어미를 속이는 일이 될 터이니 결코 삼가라고 신신당부한 때문이기도 하지만, 실제로 당시로서는 이러한 그의 절행(節行)을 있는 그대로 세상에 드러낼 수도 없는 상황이었다. 이때는 아직 그의 조상인 절재 김종서가 신원되지 못한 상황이었고, 더구나 절재 당시의 군주였던 단종이 노산군(魯山君)으로 강등되어 아직 복위되지 못하고 있던 때였기 때문이다. 따라서 이 문제는 노산군의 복위가 무엇보다도 선결되어야 할 과제였던 것이다.

1455년 세조의 등극과 함께 억지로 상왕에 봉해져 있던 단종은, 사육신의거로 인하여 노산군이 되었고 염선재가 절사할 때(1633)까지도 여전히 복위되지 못하고 있었다. 그러나 이 문제에 대한 논의는 항상 사육신이나 김종서 등의 절행에 대한 평가로부터 시작되었다. 사육신 등에 의한 단종 복위운동(1456)이 실패한 후 이 논의가 다시 적극적으로 제기되기 시작한 것은 중종대의 사림들에 의해서였다.

이 논의는 중종 12년(1517) 8월 5일 경연의 조강에서 시작되었다.

> 가) 근래 성삼문(成三問)·박팽년(朴彭年)이 노산군(魯山君)을 복위시키려 꾀하였으니 그 죄는 주벌(誅罰)해야 하나 그 절의(節義)는 주벌할 수 없는데, 이제까지 그들은 난신(亂臣)으로 기록되어 있으니 임금으로서 정대하고 공평한 마음에 어그러집니다. 중흥(中興)하여 창업(創業)한 임금은 인심과 천명이 돌아감에 따라 난폭한 자를 제거하는 것이지만, 또한 으레 그 절의를 숭장(崇奬)하여 후세에 권할 일로 삼는 것은 뒤를 이은 임금으로서 도타이 장려할 일입니다.[124]
>
> 나) 성삼문·박팽년 등이 세조에게는 역적이 되고 노산에게는 충신이 되는데, 그때에는 부득이 죄를 가하였으나 이제는 무슨 혐의가 있겠습니까? … 성삼문·박팽년을 이제껏 난신으로 지목하니 어찌 이처럼 답답한 일이 있겠습니까? 그 사람의 자손은 이제 없거니와, 그 외자손(外子孫)이 혹 있더라도 장애됨이 없지 않을

---

124) 『중종실록』 29권, 중종 12년(1517) 8월 5일(무신).

> 터이니 이것이 어찌 옳겠습니까! 다 허통(許通)해야 합니다. 신이 매양 아뢰고자 하였으나 못한 것이거니와, 만약에 아뢴 대로 도타이 숭장하면 곧 국맥(國脈)을 연장하는 방도가 될 것입니다.125)

가)는 장령 정순붕의 진언이다. 이제는 사육신의거의 절의를 포양해야 한다는 것이다. 그리고 나)는 검토관 기준(奇遵)의 진언이니, 역시 사육신 등을 충신으로 논해야 하고 그 후손들은 모두 허통하여야 한다는 것이었다. 그리하여 이제는 시독관(侍讀官) 이청(李淸)의 진언처럼, '그때에는 불의(不義)인 듯하였으나, 대의(大義)가 정해진 뒤에는 사람들이 도리어 의(義)로 여기니 이제 난신(亂臣)이라는 이름을 가할 수 없다.'는 것이 정론화되어 가고 있었다.

그러나 2년 후에 기묘사화(1519년, 중종 14)로 사림이 일망타진된 후에는 다시 이 문제는 원점으로 돌아갔고, 본격적인 논의는 효종대에 이르러서야 재현되었으나 쉽게 귀결되지 못하였다. 사실상 이 문제는 세조 이후의 역대 왕들이 모두 세조의 자손들이었으므로 노산군을 조종(祖宗)으로 복위하는 것은 스스로 왕통의 정통성을 부정하는 것이 되었으므로 결코 쉽게 경신될 문제가 아니었다. 따라서 단종의 위호가 복원되는 데는 무려 240여 년이 소요되어 숙종 24년(1698)에 이르러서야 해결되었다.126) 이때 숙종은 노산군의 묘를 능(陵)으로 승격하고 능호를 장릉(莊陵)으로 명명하

---

125) 위와 같음.
126) 『숙종실록』 32권, 숙종 24년(1698) 10월 29일(경오).

였다. 이로써 단종은 명예를 회복하고 권위를 되찾게 되었다.

단종의 위호 복위로 이제 김종서 등에 대한 신원(伸寃 : 억울함을 밝혀 원통함과 부끄러움을 씻어버림)의 빌미가 확실하게 만들어진 것이었다. 그러나 그것이 실현되기까지는 다시 또 약 50년(1698~1746)의 시간이 더 걸려야 했다. 아직은 그 가능성의 문만 열린 셈이었고, 여전히 또 다른 단계적 변화나 상황적 반전이 필요했던 것이다.

그 사이 김종서 등의 후손에 대한 녹용이나 신원운동에 적극적으로 나선 것은 대개 서인 노론계 인사들이었다. 그것은 사육신의 신원운동과 궤를 같이하면서 추진되는 경향이 있었다. 이에 대해서는 강화유수 이선(李選 : 1632~1692)의 상소문이 주목되는데 그 요점은 다음과 같다.

① 강화 유수 이선(李選)이 상소하였다.
② 또 노산군의 육신(六臣)과 황보인·김종서의 억울함을 논하며 말하기를, "우리 세조대왕께서 천명(天命)을 받을 당시, 황보인·김종서 같은 신하는 일찍 스스로 귀부할 수가 없었고, 성삼문·박팽년 같은 신하는 망령되게 옛날 국사(國士)를 본받으려고 하다가 그 자신들이 극형을 면하지 못하고 아직까지 죄인의 명단에 실려 있습니다. 저 신하들이 어찌 옛 임금에게 천명이 이미 끊어졌고, 참다운 분에게 역수(曆數)가 이미 돌아간 것을 몰랐겠습니까마는 끝내 본래의 뜻을 지키다가 죽으면서도 후회하지 않았던 것은, 신하는 각각 그 임금을 위해야 하는 것으로써 군신의 대의(大義)는 스스로 허물어버릴 수 없다고 여긴 데에 지나지 않습니다.
③ 세조께서 비록 위태롭고 의심스러운 때를 당하였으므로 이들을

제거하지 않을 수 없었으나, 사실은 그들의 지조를 아름답게 여겼습니다. 그래서 상시에 여러 신하에게 하교하시기를, '성삼문 등은 금세의 난신(亂臣)이나 후세의 충신(忠臣)이다.' 하였고, 또 훈사(訓辭)를 지어 예종대왕에게 보여주시며 말씀하시기를, '나는 어려운 시대를 만났으나 너는 태평한 시대를 만났다. 일은 세대에 따라 변하는 것이다. 만약 나의 행적에 구애되어 변통할 줄을 모른다면 이는 이른바 둥근 구멍에 모난 자루를 끼우려는 것과 같다.'고 하셨습니다. 그래서 세조께서 병환으로 계실 적에 예종대왕이 동궁(東宮)으로 있으며 모든 사무를 결정하면서 맨 먼저 계유년(1453)과 병자년(1456)에 죄를 입었던 여러 신하를 모두 석방하라고 명하였는데 연좌된 사람이 무릇 2백여 명이었습니다. 그러니 용서해주는 은전(恩典)이 이미 세조가 계실 때에 시행되었던 것입니다.

④ 생각해보면 선왕조 때의 유신(儒臣) 송준길(宋浚吉)이 성삼문 등의 일을 말씀드리니, 선왕께서 극히 감탄하시며 말씀하시기를, '성삼문은 곧 방효유(方孝孺)와 같은 류(類)이다.' 하였으니, 거기에서도 더욱 열성(列聖)께서 김종서 등을 죄인으로 대하지 아니하였음을 알 수 있습니다. 삼가 열성의 남기신 뜻을 받들어 여러 신하의 죄명을 씻어주는 것은 성상께서 그 뜻을 계승하는 데에 있지 않겠습니까?"127)

이 글을 지은 이선은 사계(김장생) 집안의 외손이다. 즉 이선은 이후원(1598~1660)의 아들이고, 이후원은 곧 사계 김장생의 손자사위[孫婿]가 된다. 처음 김장생이 염선재(김씨부인)의 하소연을 듣고서 그 딱함과 김종서 복원의 마땅함에 동조하였으나, 당시

---

127) 『숙종실록』 10권, 숙종 6년(1680) 12월 22일(정미).

의 상황이 여의치 못해 적극적으로 나서지는 못하였다. 그러나 김장생은 후일 이 문제는 반드시 사필귀정(事必歸正)으로 해결될 것이라고 하였는데 과연 그럴 수 있는 변화들이 나타났다. 이미 박팽년의 고향인 회덕에서는 송시열·송준길 등에 의하여 그 살던 곳에 유허비가 세워졌고, 또 여기서 보는 것처럼 특히 그의 외손가의 사람(이선)을 통해서 이들에 대한 신원(伸寃)이 강력하게 진언되고 있음은 주목할 만하다.

여기서의 이선의 글은 요컨대 김종서·박팽년 등의 절사는 권력의 추세에 따라 향배를 정하지 않고 오로지 임금을 충성으로 섬기려는 군신대의(君臣大義)에서 온 것이라는 것이다. 그것은 세조가 이들을 제거한 것은 위기상황이라고 인식하여 부득이 조처한 것이었지만, 또한 그들의 지조를 아름답게 인정하였으니, 이는 세조가 '성삼문 등은 금세의 난신(亂臣)이나 후세의 충신(忠臣)이다.'라 하고 예종에게 '나는 어려운 시대를 만났으나 너는 태평한 시대를 만났다. 만약 나의 행적에 구애되어 변통할 줄을 모른다면 이는 둥근 구멍에 모난 자루를 끼우려는 것과 같다.'고 한 데서 입증된다는 것이다. 또 그리하여 예종이 계유정난과 사육신의거에 관계된 자들을 다 석방할 수 있었고, 후일 효종대에 송준길이 사육신을 원사(院祠)에 배향할 수 있게 요청하였을 때 이들을 방효유와 같다고 평하였다는 것이다.[128] 결국은 이러한 사적을 통해서 볼 때 김종서 등의 죄명을 씻어 주는 것이 숙종이 세조와 효종의 뜻을 계승하는 길이라는 진언이었다. 이선의 이러한 입론은 매우 합리

---

128) 『효종실록』 19권, 효종 8년(1657) 10월 25일(갑오).

적이고 또 사실에 바탕한 것으로써 훌륭한 설득력을 지니는 것이었고, 이후 모든 김종서 등과 사육신의 신원운동에서의 입론의 대강을 이룰 만한 것이었다.129)

이러한 이선의 진언에 대해서 숙종은 "육신(六臣)에 대한 일은 열성조(列聖朝)에서도 죄를 용서한 적이 없다. 그 분묘를 봉해 준다든가 사림에서 존모하는 등의 일에 있어서는 굳이 금지할 필요가 없겠다. 그 밖에 별도로 은전을 베풀기는 어렵다."라 하여 김종서 등에 대해서는 여전히 냉담하였다. 아직은 때가 이르지 않았던 것이다. 그리하여 이러한 진언은 노론계 진영에서 계속 이어졌는데 다음의 진언들이 주목된다.

> ① 민진후가 또 황보인(皇甫仁)·김종서(金宗瑞)의 억울함을 추신(追伸)하여 그 관작(官爵)을 회복시키기를 청하니, 임금이 어렵게 여기고 대신에게 물으라고 명하였다.130)
> ② 검토관 임상덕이 아뢰기를, "단종대왕을 복위한 뒤에 죽임을 당한 제신들을 더러는 사당을 세우도록 명하시고 더러는 포장(褒獎)하고 증직하도록 명하셨지만, 유독 김종서와 황보인은 신원설

---

129) 여기서의 이선은 효종대에 우의정을 지낸 李厚源의 아들이다. 이후원은 허주 김반의 사위이니 곧 사계 김장생의 손자사위가 된다. 김반은 겨우 일곱 살 때 어머니 조씨부인을 여의었고, 그의 나이 아홉 살 때 염선재가 17세로 사계의 계배가 되었던 것이니 어떤 형태로든 양육의 은혜가 없지 않았을 것이다. 그런 인연에서인지 이후원-이선 부자의 절재 김종서 및 사육신에 대한 신원의 노력은 각별했다. 위에서 이선이 말한 세조의 "박팽년 등은 오늘의 난신이고 내일의 충신이다."라는 말도 이미 이후원이 박팽년 등의 포장을 주장하면서 효종의 조정에서 진언하였던 말이었다.

130) 『숙종실록』 42권, 숙종 31년(1705) 6월 10일(임인).

치(伸寃雪恥)를 받지 못했으므로, 의논하는 사람들이 궐전(闕典)으로 여기고 있습니다. 신원과 복관(復官)하는 일을 비록 경솔하게 의논할 수 없기는 하지만, 지난날 육신(六臣)의 죄명이 면제되지 않았을 때라도 선조(宣祖)께서는 박팽년(朴彭年)의 자손이 천례(賤隷)가 되어 있음을 듣고서 특별히 그 천적(賤籍)을 없애고 직을 제수하도록 명하시어 드디어 사족(士族)이 되었습니다. 지금 황보인에게 그 자손이 있다는 것을 듣지 못했습니다마는, 듣건대 김종서의 후손이 호서(湖西)의 천품(賤品)에 들어있다고 합니다. 하물며 김종서는 국가의 주석(柱石)인 대신으로서 또한 육진(六鎭)을 개척한 공이 있었으니, 비록 죄가 있다 하더라도 진실로 10대가 되면 용서하는 의리가 있으므로 그의 후손 중에 임용(任用)할 만한 사람을 가리어 녹용(錄用)한다면 성상의 덕에 광채가 나게 될 듯합니다." 하니, 임금이 양전(兩銓)에 분부하도록 명하였다.131)

③ 부교리 김운택은 말하기를, "이 일은 모두 헤아려 생각해야 할 것이 있습니다. 김종서 등은 당초의 죄안(罪案)에 이미 이용(李瑢)을 추대하여 불궤(不軌)를 모의한 것으로 연좌되었고, 우리 세조께서는 실제로 그 훈명(勳名)이 책록되었는데, 지금 만약 김종서 등의 죽음을 억울하다고 일컬어 복관(復官)하기에 이른다면 그것이 성조의 훈명에 어찌 크게 일이 순조롭게 진척되지 못하게 되는 바가 있지 않겠습니까? 비록 장릉(莊陵 : 단종의 능)을 추복(追復)한 후라고 말하더라도 육신(六臣)과 의리를 지킨 여러 신하들에게 견주어 본다면 그 체단(體段)이 자연히 같지 않으므로, 신의 중부(仲父)인 고(故) 판서 김진규(金鎭圭)는 일찍이 중신이 이 일을 간언한 데 대해 그 불편함을 상소하여 논박하고, 인하여 관청에서 유사(遺祀)를 짓는 데 도와주고 후손을 인재를 명확히

---

131) 『숙종실록』 47권, 숙종 35년(1709) 6월 23일(임술).

> 구분하여 발탁하라는 청에 미치었으니, 대개 복관(復官)은 경솔히 의논할 수 없는 바가 있다고 생각한 것입니다. 만약 두 신하가 수립한 공적을 모두 마땅히 민몰(泯沒)시킬 수는 없으니, 특별히 불쌍히 여기는 은전(恩典)을 베풀어야 하고, 또 남아 있는 자손들을 채용하여 사족(士族)에 낄 수 있게 한다면 가엾게 여겨 용서하는 뜻이 저절로 그 사이에 나타나게 될 것입니다."132)

이상에서 민진후와 임상덕, 그리고 김운택의 김종서에 대한 신원운동의 일단을 보게 된다. 민진후는 신원운동에 가장 적극적이었고, 김운택은 아버지 김진규가 신중론을 편 것을 이어서 그 후손들에 대한 녹용을 먼저 할 것을 개진하고 있음을 보게 된다. 임상덕은 '김종서의 후손이 호서(湖西)의 천품(賤品)에 들어있다.'는 실상을 전해주고 '그의 후손 중에 임용(任用)할 만한 사람을 가리어 녹용(錄用)하자.'는 건의를 함께 하고 있다. 민진후의 건의가 더 적극적이지만 현실적으로는 아직 이루기 어려웠고, 임상덕과 김운택의 '후손 녹용'으로 낙착을 보게 된 것으로 보인다.

그나마 김종서 후손의 녹용은 1719년에야 실현된다.

> 도목정(都目政)을 거행하여 … 단종조(端宗朝)의 옛 신하 김종서(金宗瑞)의 후예인 김익량(金翼亮)을 서록(敍錄)하여 장녕전(長寧殿) 참봉으로 삼았다.133)

---

132) 『숙종실록』 63권, 숙종 45년(1719) 4월 30일(임신).
133) 『숙종실록』 64권, 숙종 45년(1719) 7월 24일(을미).

여기서의 김익량의 계보를 보면 '김수언(金秀彦 : 염선재의 아버지) - 치림(致霖) - 기(機) - 익량(翼亮)'으로 이어진다. 따라서 그는 김수언의 증손이고, 염선재 순천김씨의 손자 항렬이 된다. 이후 김익량은 봉사(종8품)에 진급하였으나 임인년에는 정권 변동으로 그가 '김종서의 후손을 가탁하였다.'는 무고가 있어서 관직을 뺏기기도 했고,134) 다시 영조대에 좌의정 민진원의 진언에 의하여 관작이 회복135)되기도 하였다. 김종서 후손들의 고난의 역사를 보이는 단면이다.

이후 김종서는 영조 22년(1746)에 이르러 드디어 관작을 회복하게 된다.136) 염선재 순천김씨가 선조(절재 김종서)의 신원이 이뤄지지 않음을 한탄하여 단식(斷食)으로 자진(自盡)한 지 113년이 되는 때였다. 그해 12월 27일, 영조는 유신을 불러들여 『제범(帝範)』을 강하고 나서 단묘조(端廟朝)의 상신 김종서(金宗瑞) · 황보인(黃甫仁) · 정분(鄭苯)의 관작을 추복하라고 명하였다. 이보다 앞서 황보인과 김종서의 후손이 상언(上言)하여 신원을 청구하니 사안을 대신들에게 내려 보내어 의논케 하였는데, 대신들이 윤허하는 것이 좋다고 헌의하였으나, 임금이 정난(靖難)의 공훈에 세조가 간여되었다는 이유로 난처해하였다.137)

이때 경연에 참여하였던 영의정 김재로는 옛날 태종이 정몽주를 죽이고 나서 곧바로 시호를 내려 포장하는 은전을 베푸셨는데, 두

---

134) 『경종실록』 7권, 경종 2년(1722) 4월 14일(무진).
135) 『영조실록』 7권, 영조 1년(1725) 8월 5일(경오).
136) 『영조실록』 64권, 영조 22년(1746) 12월 27일(무자).
137) 위와 같음.

상신의 일은 정몽주의 경우와 똑같다고 하였다. 그리고 그는 앞서 이선이 제시한 바, 세조가 예종에게 내린 가르침, 즉 '나는 고난을 주었지만, 너는 태평을 주라.'는 것을 상기시키고, 예종이 당시의 죄수들을 석방하였으며, 이미 조종이 후손을 녹용하고 있고, 또 사육신은 추복하였음을 들어서 '김종서의 신원'이 정당하다고 지지하였다. 또한 영돈녕 조현명도 "당시에 이들을 주살한 것은 종사(宗事)를 위한 큰 계책에서 나온 것이고, 이들에 대한 후세의 칭찬과 장려는 '백세(百世)의 공론(公論)'으로 말미암은 것이니, 두 가지가 병행하여 서로 어긋남이 없다."고 거들었다.

이날 밤 영조는 경연에서 『제범(帝範)』을 강하였는데, 교리 한광회(韓光會)가 "옥당에 『제범』이 있는데, 광묘의 훈사(訓辭 : 가르쳐 타이르는 말)가 뒷부분에 붙어 있습니다." 하니, 즉시 들여오라고 명하여 계속해서 읽도록 하고, '나는 마땅히 고난을 주었지만, 너는 마땅히 태평을 주라.'는 구절에 이르러서 임금이 세 번이나 감탄을 하면서 말하기를, "아! 황보인·김종서 등의 일을 가리키는 것인가? 마치 귀를 잡고 직접 명령하시는 것 같다." 하고, 이에 당장 전교(傳敎)를 써서 황보인·김종서·정분 등의 관작(官爵 : 관직과 작위)을 회복시켰다.138) 영조는 이미 앞에서 이선의 진언에서 본 바 세조가 예종에게 남긴 '훈사(訓辭)'를 근거로 하여 김종서 등의 신원에 동의한 것이었다.

이후 영조 23년(1747) 1월에는 김종서의 아들 김승규, 김승벽의 복관(復官)이 이루어졌고, 동년 11월에는 김승규에게 효자정려(孝

---

138) 위와 같음.

子·旌閭)가 내려졌다.139) 그리고 영조 34년(1758)에는 김종서에게 충익공(忠翼公)이라는 시호가 내려졌고, 영조 41년(1765)에는 김종서의 옛 집이 후손에게 환수되었다.140) 또한 정조 10년(1786)에는 백악산에서 김종서의 위패가 발견되어 김종서의 부조묘가 세워졌고, 정조 15년(1791)에는 장릉에 배식단을 세우고 어정배식록을 편찬하였는데 김종서는 정단에 배식한 32인에 포함되어졌고, 아들 김승규와 김승벽은 별단에 배향되었다. 이러한 일련의 김종서-김승규의 순절 기사는 그 과정 및 추숭에 대한 여러 기사와 함께 「절재선생실기(節齋先生實記)」141)에 상세하게 기록되어 있다.

2) 증 정부인(贈貞夫人) 칙명 교지

그러나 이러한 상황 변화에도 불구하고 염선재의 절행과 절사에 대해서는 공적으로나 사적으로 거의 배려가 없었다. 「절재선생실기(節齋先生實記)」에도 후대에 절재(김종서)에게 정려가 내려지는 과정이 상세하게 수록되어져 있으나 정작 조상 절재의 신원을 위하여 단식으로써 자결한 7대 손녀 김씨부인에 대해서는 단 한 줄도 언급된 바가 없다.

염선재의 절사에 대해서는 이미 1671년에 그 아들 김규에 의하

---

139) 『영조실록』 66권, 영조 23년(1747) 11월 28일(갑인).
140) 『영조실록』 106권, 영조 41년(1765) 11월 28일(기해).
141) 『順天金氏持平公派譜』, 「節齋先生實記」.

여 씌어진 '순천김씨 묘지문'과 유사에 매우 상세하게 나와 있으나 그것은 땅속에 자취를 감추고 있었고, 가승(家乘)에 기록하였다는 집안의 기록은 찬자인 김규(金槼 : 김씨부인의 제5자)의 당부에 의해 세상에 알려지지 못하고 있었다. 따라서 김씨부인의 절사는 점차 세상의 관심에서 사라지게 되었던 것이다. 그 직계 후손되는 사람들로서는 실로 통탄할 일이 아닐 수 없었다.

이렇게 아픔의 세월이 다시 160여 년이 지났다. 이때는 마침 1905년의 을사조약으로 사실상 외교권을 박탈당한 즈음이어서 국가는 이를 만회할 적극적인 대응책이 필요하였다. 따라서 국가는 백성의 한을 풀어주는 은전을 베푸는 일에 적극적으로 나서게 되었다. 그것은 대개 고종 만년에 정려(旌閭) 등의 국가 은전 사업이 매우 극성하였던 배경이 된다.

먼저 순천김씨 소생들은 스스로 연대하여 조상인 순천김씨를 신원하고 그의 탁이한 절행(節行)을 널리 알려 국가로부터 마땅한 표창을 받게 하고자 했다. 그리하여 1906년 3월 21일 광산김문 중 김씨부인 소생의 후손 김기연 등 123인이 순천김씨의 효열을 기리는 정려를 청하는 연명상소를 올렸고, 이것이 받아들여지지 않자, 이번에는 연고지인 연산의 유생들이 동년 4월에 역시 같은 상소를 올렸다.142)

그런데 이러한 일단의 위선사업(爲先事業)을 앞장서서 적극적으로 추진한 문중 인물은 순천김씨의 9세손이 되는 김래현과 김철현이었다. 김래현은 염선재 순천김씨의 가장(家狀)을 짓고 이것을

---

142) 『잠소록』, 連山儒生上疏.

가지고 가서 이용원(의정부 우찬성)에게 부탁하여 염선재의 묘갈명을 짓는 등 순천김씨에 대한 위선사업을 선도하였다. 그는 동종 형 김철현을 통해 중앙정부에 들어가 있던 내각대신 민영규에게 선을 댈 수 있었고, 민영규는 경연에서 고종에게 이

김철현(金轍鉉)의 묘

것을 진언하여 마침내 고종의 허락을 얻어내는 데 성공하게 되었다.

　1906년(고종 43)의 경연에서 앞의 유생들의 상소와 함께 이 사실을 전해들은 고종은 다음과 같이 말하였다.

> 충신(忠臣)의 가문에 이와 같이 효열(孝烈)이 있으니 대대로 아름다움을 이었다고 말할 수 있어 매우 가상한 일이다. 정부인(貞夫人)의 포증(褒贈)이 조금도 잘못됨이 없으니 무엇 때문에 정부인의 포양(褒揚)을 아끼겠는가? 후손들이 미약했다지만, 수백 년 동안 가만히 있다가 어찌 지금에야 알리는가?

　요컨대 그것은 염선재 순천김씨에게 '탁이한 효열(孝烈)'로 포장하고 그에게 정부인(貞夫人)의 직(職)을 내릴 것을 명한다는 것이다. 당시에 염선재 김씨부인에게 내려진 칙명 교지(敎旨)는 다음과 같다.

<표11> 고종이 내린 증 정부인(贈貞夫人) 교지

勅命
孺人順天金氏 贈貞夫人者
光武十年 四月 日
孝烈卓異 褒獎贈職事 奉勅

칙명(조서로 내리는 글-필자)
유인 순천김씨에게 정부인을 증직할 것
광무 10년(1906, 고종 43) 4월 일
효열이 높고 특별하니 기리고 권면하여 증직하라는
칙명을 받들다.

 이때는 이미 황국(대한제국)이었으므로 교지를 칙명이라 했다. 여기서 '유인(孺人) 순천김씨'라 한 것을 보면 당시까지 김씨부인의 신분적 위상이 어떠했는지를 바로 알 수가 있다. 절재 김종서의 7대 손녀로서 어엿한 양반가의 후손이었지만, 특히 이미 1746년 이후로는 절재가 복권이 된 상황이었는데도 김씨부인의 위상은 여전히 배척당하고 있었던 것이다. 그리고 정부인(貞夫人)으로 증직한다고 한 것에서는 이제 그가 형조참판(종2품)을 지낸 부군(사계 김장생)의 지위를 따라 정부인으로 봉해지고 있었음을 확인케 한다. 그리고 그 아래에 '효열탁이(孝烈卓異) 포장증직사(襃奬贈職事)'라 한 데에서 순천김씨의 효열이 탁이(높고도 특이함)한 것으로 인정받았음을 확인케 된다.

그러나 사실상 후대인의 적극적인 관심과 노력이 없었다면 이러한 사건은 그냥 흔적 없이 역사의 뒷전으로 숨어버릴 수밖에 없는 노릇이었다.143) 우리가 문중사업에 헌신적으로 앞장선 이들을 기리고 귀하게 여기는 것은 그들의 이런 위선사업이 후일 선조의 훌륭한 정신과 업적을 선양하고 그것이 길이 문중정신의 원천이 되는 때문이며, 나아가서 그것이 널리 민심을 후덕하게 함으로써 사회의 윤리기강과 질서를 돈독히 하는 데 기여하는 자원이 되는 때문이다.

---

143) 예컨대 효종 4년(1653) 동춘당 송준길은 아버지의 여막인 憂樂齋에 있다가 불현듯 8대조 할머니 고흥유씨의 출중한 '節行'을 생각해 내고는 "우리 선조비께서 정절을 지킨 열렬한 행실이 옛 사람에게 비교하여도 부끄러움이 없거늘 오히려 묻혀 있으니 무릇 우리 자손들이 장차 무엇으로 속죄하겠는가?"라 하였다. 그리하여 그는 이 사실을 효종에게 간곡히 진언하여 烈婦旌閭를 받게 함으로써 해묵은 가문의 염원을 이루었던 것이다(한기범, 『조선의 큰 선비 동춘당 송준길』, 종려나무, 2006).

<표12> 외명부(外命婦)의 품계별 호칭

분류		남편의 품계	부인의 호칭 (봉작(封爵))	비고
당상관		정1품 (종1품 포함)	정경부인 (貞敬夫人)	○ 당상관[男]은 국왕의 정책 결정에 참여하고 책임을 진다.
		정2품 (종2품 포함)	정부인	
		정3품(당상관)	숙부인	
당하관	참상관	정3품(당하관)	숙인	○ 종6품 이상 정3품(당하관)까지의 벼슬 ○ 당하관[男]은 국정의 실무(상급) 를 수행한다.
		정4품 (종4품 포함)	영인	
		정5품 (종5품 포함)	공인	
		정6품 (종6품 포함)	의인	
	참하관	정7품 (종7품 포함)	안인	○ 종9품 이상 정7품까지의 벼슬 ○ 당하관[男]은 국정의 실무(하급) 를 수행한다.
		정8품 (종8품 포함)	단인	
		정9품 (종9품 포함)	유인(孺人)	

4. 『잠소록(潛昭錄)』의 간행과 정려

1) 잠소록의 간행

『잠소록』은 염선재 순천김씨에 대한 신후문자(身後文字)와 그를 정부인(貞夫人)으로 증직한다는 고종의 칙명 교지, 그리고 그의 효열에 대한 후대인의 현창(顯彰) 관련 자료들을 한데 모은 책이다. 이 책의 이름을 '잠소록(潛昭錄)'이라고 한 것은 순천김씨가 한(恨)을 참고 기다려 마침내 정부인에 봉해진 것이 마치 용(龍)이 백 년을 기다렸다가 나와서 밝음을 보게 된 것과 같다 하여 붙여진 이름이다.144)

이 책명에서 우리는 염선재가 그 선조 김종서의 한을 풀고, 그 자신의 신분이 회복되기까지 한 서린 장구한 기간이 걸렸음을 알게 된다. 그리고 이러한 결과를 얻어내기까지 염선재의 헌신적인 절사를 비롯하여 수십 수백 년 동안 이어온 가문 사람들의 꿋꿋한 설원(雪冤)의 염원과 노력이 한 편의 드라마 같은 역정이었을 것임을 짐작케 된다. 그리고 그것은 조선시대의 신분제적 차등사회에서 역적가문의 누명을 쓰고 힘겹게 살다 간 한 서린 사람들의 생활사의 단면을 웅변해 보이는 이름일 수도 있다고 생각된다.

『잠소록』은 한적판 100쪽(옛 책 50쪽) 분량의 2권 1책 필사본이다. 『잠소록』의 구성은 상하 양권으로 되어 있는데, 상권은 서문, 유사, 묘지문(2), 가장, 묘갈명, 상언(2), 연품[大臣 閔泳奎 筵稟], 칙명 교지, 분황고유문(焚黃告由文), 축문, 입석 고유문, 묘제문으로 되어 있고, 하권은 전(傳), 송(頌), 서(書)를 유형별로 수록하고 있으며, 말미에는 효열록(孝烈錄) 및 발문(跋文)을 담고 있다.

『잠소록』의 편목과 관련 인물을 정리해 보면 대개 다음과 같다.

---

144) 『잠소록』, 序(김덕수 撰).

<표13> 『잠소록』의 편목과 관련 인물

	잠소록 편목	연대(년)	성명	관직	비고
서(序)	잠소록 서 1	1906	김덕수	승정원 좌부승지	
	잠소록 서 2	1906	김태동	장릉 참봉	염선재의 10세손
권지상 (卷之上)	유사	1671	김규 (두계공)	자여도 찰방	염선재 소생(所生) 5자(子)
	묘지문 1	1671	〃	〃	〃
	가장(家狀)	1906	김래현	행 의금부도사	염선재의 9세손
	묘지문 2	1906. 10	김연규	규장각 부제학	염선재의 9세손
	묘갈명	1907. 5	이용원	의정부 우찬성	입석일자(立石日字)
	상언(上言) 1	1906. 3	김기연 등		자손 123인[上言]
	상언(上言) 2		이인식 등	연산 유생	유생 상언
	연품(筵稟)	1906. 4	민영규	내각 대신	경연에서 품의
	칙명 교지(敎旨)	1906. 4	[고종]		
	분황(焚黃) 고유문	1906. 5	김래현	행 의금부 도사	염선재의 9세손
	세일사 축문	1906. 10	〃	〃	〃
	입석 고유문	1907. 5	〃	〃	〃
	묘제문(墓祭文)	1907. 6	〃	〃	〃
권지하 (卷之下)	(정부인 김씨) 전(傳)		이응익	(종2품관)	
	(정부인 김씨) 송(頌)1		김철현	사직 서령	염선재의 9세손
	(정부인 김씨) 송(頌)2	1906	이재정	중추원 찬의	
	(정부인 김씨) 송(頌)3	〃	이경직	전성균관장	
	(정부인 김씨) 송(頌)4	〃	민정직	이조참판	
	(정부인 김씨) 송(頌)5	〃	이건용	전 궁내부 특진관	
	(정부인 김씨) 송(頌)6	〃	김윤식	전 병조판서	
	(정부인 김씨) 송(頌)7	〃	윤상연	전 평안도 관찰사	
	(정부인 김씨) 송(頌)8	〃	김정현	진사	염선재의 9세손
	(정부인 김씨) 송(頌)9	〃	이인직		완산이씨
권지하 (卷之下)	(정부인 김씨) 송(頌)10	〃	김래현	행 의금부 도사	염선재의 9세손
	효열록				
	잠소록 발문		김래현	행 의금부 도사	염선재의 9세손
	잠소록 발문 추기		김성현		염선재의 9세손

여기서 우선적으로 주목되는 자료는 염선재 김씨부인의 유사(遺事)와 묘지문(墓誌文)이다. 이것은 그의 다섯째 아들인 두계공 김규가 쓴 것으로 염선재 순천김씨의 당대의 기록이라는 점에서 가장 실질적이고 핵심적인 자료가 된다. 다음으로 주목되는 자료는 고종 때 증직 받은 칙명 교지이다. 이것은 염선재의 절사(節死)가 여느 부인의 절사와 다른 점을 명기하여 내린 교지로서, 염선재의 절사의 성격을 밝히고 국가가 그 절의를 공인한 것이라는 점에서 의미가 크다. 또한 고종의 교지를 받는 일을 주선한 김래현 김철현과 경연에서 품의한 민영규의 글, 그리고 후손 김기연 등과 연산유림의 상소도 주목하여야 한다. 특히 염선재의 정부인 추증에 대해서 당대의 고관대작들이 한결같이 그 절행(節行)을 높이 평가하여 그것이 윤리 도덕의 증진에 귀감이 된다고 찬양하고, 염선재를 '여선비(女士)'라 평한 것은 극히 정당한 평가라 할 것이다.

2) 정려(旌閭)와 정려기(旌閭記)

염선재 정려(旌閭)(前/後)

이상에서 살핀 바와 같이 염선재는 출중한 효(孝)와 열(烈)이 있었지만, 절재 김종서가 신원(1746년)된 후에도 161년이 지나서야 국가로부터 '정부인(貞夫人)'의 증직을 받게 되었다. 고종 43년(1906)에는 염선재의 얼과 정신을 영원히 기리고 알리기 위하여 그의 일대기를 모은 『잠소록』을 제작하였다. 그리고 1976년에는 재실 염선재의 건너편 언덕에 '순천김씨 정려(旌閭)'를 건립하였다.

정려기(旌閭記)

무릇 높고 특이한 절행(節行)이 있으면 국가에서 그 마을에 정표(旌表)를 내리니, 이것은 선행(善行)을 표창함으로써 윤리(倫理)를 밝히고 높이려는 성대한 의전(盛典)이다.

증 정부인 순천김씨는 단종조에 절사한 명신 절재공(節齋公) 휘(諱) 종서(宗瑞)의 6대손인 직장공(直長公) 휘(諱) 수언(秀彦)의 따님이다. 효성이 하늘에서 낸 것이어서 어릴 때 어버이의 병환을 속이 타도록 가련하게 여겨 사당(祠堂)에 빌어서 여름에 얼음이 있게 하는 기이함이 있었다.

나이 17세가 되었을 때 어버이의 훈계를 돈독하게 받아들여서 사계 선생(沙溪先生, 김장생)의 집으로 들어갔는데, 대개 부인(순천김씨)이 인내하는 힘이 있었으므로 직장공이 심히 사랑하였다.

선대(김종서를 지칭)의 충성에 대한 (평가가 왜곡된) 원통함이 아직 씻기지 못한 상황에서 온 집안은 두려워하고 조심하며 한(恨)을 머금고 뼈에 새기면서 현군자(賢君子)의 공의(公議)를 얻고자 하였는데, 당시의 조정에 덕망인들이 많았지만 사계 선생만한 이가 없었다.

그때 마침 사계 선생은 부인의 상(喪)을 당한 때였으므로, 직장공(김수언)이 생각하기를 딸(김씨부인)로 하여금 (혼인으로) 선생을 모시게 하면, 혹 공이 희망하는 바에 입론(立論)이 있을까 하였다. 그리하여 드디어 전래해 온 절재공의 수찰(手札)과 세계(世系) 한 본을 품고 가게 하고, 또 경계하기를 신중히 하고 이것을 가볍게 드리지는 말라고 당부하여 보냈다.

부인은 가정을 관리하고 군자(君子)를 공경하고 제사 받드는 일을 잘 해내고 규범에 어긋나는 것을 일변시켰다. (아픔을) 안으로 간직하고 아무 일도 없는 듯이 화목하게 지내다가 첫 아들을 낳은 후에 비로소 선조의 가계(家系)와 수찰(手札)을 드리니, 사계 선생이 크게 놀라고 가련하게 여기시고, 장차 소(疏)를 올리고자 하였다. 그러나 장릉(莊陵 : 단종의 능)의 위호(位號)가 아직 복원되지 못한 상황인지라 드러내는 것을 중지하시고 마침내 이루지 못하고 돌아가시었다.

부인은 본가(本家)의 선조가 신원(伸冤)되지 못한 것에 한(恨)을 품고서 평생토록 말과 용모에 웃음을 띠지 않았다. 문경공(文敬公, 김집)이 매양 칭찬하며 감탄하여 말하기를, "종신토록 선조(先祖)를 사모하는 일은 나이 오십에 부모(父母)를 사모하는 것보다 어렵다."고 하였다. 부인은 부군(夫君 : 사계 김장생)의 별세를 당하여서는 상중(喪中)의 담제(禫祭)와 협제(祫祭)를 모두 마치자, 조용히 부군을 따라 죽으니, 향촌 마을이 그 효열(孝烈)의 두 가지 절행을 크게 칭송하였다.

그 후 수백 년이 지나서 들은 바를 조용히 덮어두고 있던 사람들이 그것이 사체(事體)에 관련이 있다고 생각하게 되었다. 그리하여 하늘의 이치(天理)가 크게 밝아져서 이에 숙종 무인년(1698)에 장릉(莊陵)이 다시 바르게 회복되었고, 영조대의 병인년(1746)에 절재

공의 관작(官爵)이 복원되고, 시호(諡號)와 부조묘(不祧廟)의 명이 내려졌다. 또 그의 아들 참의공(김승규)이 충효 정려를 받게 되었고, 고종 병오년(1906)에는 연신(筵臣)이 품계를 올려서 부인의 효열(孝烈)이 특이하다고 하여 정부인(貞夫人)으로 증직하였다. 이에 영광이 이 세상과 저 세상에 함께 하게 되었고, 부인의 실적(實蹟)이 비로소 세상에 드러나게 되었으며, 장차 계속해서 작설지전(綽楔之典 : 旌閭의 命)이 이어질 듯했다.

그러나 얼마 못가서 이조(李朝)의 사직이 무너지고 윤리 기강도 무너져서, 거의(擧議)가 회자되었으나 구습에 따를 뿐 고치려 하지 아니하여 지금에 이르고 있다.

후손들이 그 선조비의 아름다운 행실이 오래도록 민몰(泯沒)될까 두려워하여 의견을 모으고 힘을 보태서 정려(旌閭)를 설립하니, 이것은 추효(追孝)의 독실한 정성에서 나온 것으로 매우 떳떳하고 매우 가상한 일이다. 이에 부인의 아름다운 행실과 높은 절의(節義)가 사람들의 이목을 비출 것이니, 보고 느끼는 바가 있을 것이요, 흥기하게 하는 바가 있을 것인즉, 효도(孝道)를 장려하는 풍속에 작으나마 도움이 있을 것이다.

단기 4310년(서기 1977년) 정사(丁巳) 8월 　일

전주 후인 이원순(李元純) 근기(謹記)
연산 문묘 전교 순흥 후인 안성수(安成洙) 근서(謹書)
도유사　　김원중(金元中)
별청 유사 김용욱(金容郁) 김인중(金仁中)
　　　　　김은수(金銀洙) 김병현(金丙鉉) 김화중(金花中)

5. 잠소사(潛昭祠)의 건립

잠소사(潛昭祠)는 염선재 김씨부인의 사당(祠堂)이다. 원래 염선재의 제사는 기일날 재실인 '염선재(念先齋)'에서 지내오던 것인데, 2009년 염선재의 오른쪽 언덕에 잠소사를 새로 짓고 사계 선생과 염선재의 위패를 모시어 제사를 지내고 있다. 잠소사는 정면 2칸, 측면 1칸의 8평 규모의 맞배지붕 건물이다.

잠소사(潛昭祠)

잠소사의 건립은 염선재 김씨부인의 절의정신을 단순한 일회적 제사가 아니라 사당적 차원에서 상시로 추모하겠다는 후손들의 의지를 반영한 것이다. 그것은 염선재가 일시적인 잠소의 존재가 아니라 영구히 밝게 드러나야 할 존재로 재인식하자는 뜻을 담고 있다. 이렇게 염선재는 정부인으로의 칙명교지를 계기로 묵은 한을 씻어내고, 이어서 그의 일대기인 『잠소록』의 간행과 정려와 사당을 모두 갖춤으로써 이제 잠소부인(潛昭夫人)의 위상을 보다 확실하게 세울 수 있게 되었다.

<표14> 염선재 관련 문화재(건물) 및 묘역

이름	건립	내용	비고
사계고택 (隱農齋)	1602년 (선조 35)	사랑채인 은농재는 정면 4칸·측면 2칸이고, 기와로 된 홑처마 팔작지붕의 형태이며, 면적은 22.7평이다. 사계고택의 총 면적은 2,850평이며, 지정된 일괄 문화재는 총 10동으로 은농재, 안채, 안사랑, 대문채, 광채, 곳간채, 행랑채(2동), 별당, 영당 등이다. 현재 문원공파 두계공종중이 소유·관리하고 있다.	○ 충청남도유형문화재 제134호(1990년 지정) ○ 은농재는 사계의 7대손 김덕의 아호이다.
사계 영당 (沙溪 靈堂)		사계 영정을 모신 영당으로 사계고택 안에 있다.	○ 사계가 작고하였을 때, 시신이 78일간 모셔졌던 곳이라고 전한다.
염선재 (念先齋)	1882년 (고종 19)	앞면 4칸·옆면 2칸 규모이며, 지붕은 팔작지붕이다. 1987년 손상된 기둥 밑부분을 화강석으로 보강하였다. 원래 작은 제각이었던 본 건물은 1913년에 현재의 모습으로 증축되었다. 염선재(재실), 동재, 서재, 대문채, 사당, 정려, 관리사로 이루어진 염선재 일원은 800여 평(재실은 20평)이다. 문원공파 염선재종중의 소유이다.	○ 충청남도문화재자료 제316호(1990년 지정)
정려와 정려기	1976년	1906년(고종 43) 4월 18일에 정부인(貞夫人) 칙명 교지가 있었다.	○ 1976년 염선재 종중이 건립(정려기 1977)
잠소사 (潛昭祠)	2009년	염선재의 사당이다. 사당이 있기 전에는 위패를 모신 제사 공간이 염선재 재실 안에 있었다.	○ 2009년 염선재 종중이 건립

이름	건립	내용	비고
염선재 묘역		계룡시 사계로 5-16(금암동)에 위치해 있다. 비, 상석, 망주석, 문인석, 차일석 등이 있다. 면적은 약 600평에 이른다.	○ (묘표) "貞夫人 順天金氏之墓"
신원재 (愼遠齋)	1632년 (인조 10)	사계 사후에 김집과 문인들 및 김비가 사계의 글 등을 정리하던 곳이다. 현재는 김비의 재실로 사용되고 있다. 굴도리계통의 건물로, 정면 4칸·측면 1.5칸의 홑처마 팔작지붕이다. 전면에 '신원재'라는 현판이 걸려있는데, 현판의 글씨는 송준길이 썼다.	○ 충청남도문화재자료 제379호(2002년 지정)

책말미에

　염선재 순천김씨의 절사는 조선시대의 비정한 정치사의 산물이며, 의리를 저버린 조작된 역사 왜곡에 대한 한 여인의 목숨을 건 고발이고 항거였다. 그것은 염선재 개인과 그 문중에는 한없는 아픔이고 불행이었지만, 후대인들에게는 진정한 효열과 의리가 무엇인지를 깨닫게 해주는 가슴 저린 교훈적 사건이다.

　염선재의 절행은 그의 출중한 효행(孝行)과 탁이한 열행(烈行)으로 요약될 수 있다. 8세 때 그는 위급해진 아버지의 병 치료를 위해 3일간 사당에 기도하여 한 여름에 얼음을 얻었다고 전해질 만큼의 지극한 효녀였다. 염선재의 효행은 특히 그가 17세 되던 해 선조(절재 김종서)의 신원을 위해 '덕망가의 힘을 빌려야 한다.'는 아버지의 간절한 소망을 따라 스스로 사계의 계배(繼配) 자리를 수용한 데서도 돋보인다.

　이후 염선재는 43년 동안 부군을 지성으로 공경하며 8남매를 낳아 모범적으로 잘 양육하였다. 장남 영(榮)은 생원이고, 차남 경(檠)은 그림을 잘 그려서 사계의 예서(禮書)인 『상례비요』의 삽도를 그렸으며, 5남 규(槻)는 자여도 찰방을 지냈고, 6남 비(棐)는 진사를 거쳐 찰방이 되었으며, 특히 글씨를 잘 써서 우암(송시열)·동춘(송준길)이 인정할 정도였고 그 이름이 필원(筆苑)에 등재되었다. 염선재의 아들들은 당대의 석학인 우암·초려(이유태) 등과 편지를 주고받을 정도의 사림적 지위를 가지고 있었고, 김비의 경우 성삼문유허비에 송시열(찬자) 김만기(전서) 등과 함께 그 비문의 글씨를 썼을 정도였다. 김익견(김영의 아들)은 우암의 문인이었고 북벌운동에도 참여하고 있었다.

선조(김종서)의 설원(雪冤)에 대한 염선재의 염원은 집요했다. 그는 선조의 원한을 풀지 못한 것에 대한 아픔과 원망을 이기지 못하여 평생토록 이[齒]를 드러내 놓고 웃지 않았다. 이러한 그의 언행을 보고서 문경공 김집은 항상 탄식하면서 말하기를, "평생 동안 선조(先祖)를 사모하는 것이 나이 50에 부모(父母)를 사모하는 것보다 어렵다."라 하였다.

1631년 사계가 84세를 일기로 서거하자, 염선재는 소식(素食)을 하면서 삼년상을 손수 챙겼고 담제(禫祭)와 길제(吉祭)를 마치기까지 자신의 임무를 다하였다. 그리고 나서야 그는 스스로 단식으로 죽음의 길을 택하였다. 이 때 그는 "사람이 죽고 사는 것은 모두 때가 있다. 이제 내가 죽는 것은 이미 조상의 원한을 풀어드리지 못한 죄인이기 때문이다. 어찌 감히 내 몸에 훌륭하다는 칭호를 잘못 더할 수 있다는 말이냐?"라 하여 혹시라도 종부절사로 국가의 표창을 바란다면 그것은 '임금을 속이고 조상을 배반하는 것'이라 하였다.

우리 역사에 '종부절사(從夫節死)'의 사례가 없지는 않지만, 먼 조상의 억울함을 신원하기 위해서 죽음을 택한 사례는 잘 보이지가 않는다. 이 점이 바로 염선재 순천김씨의 절사(節死)의 특징인 것이다. 이것은 '효열(孝烈)이 탁이(卓異 : 높고도 특별함)하니 정부인을 증직하라.'는 고종의 증직 교지에서도 잘 입증되고 있다.

이렇게 염선재가 죽음의 길을 택할 수밖에 없었던 이유는 선조의 신원을 이루지 못한 데에 대한 한탄과 자책 때문이었다. 그러나 또한 그것은 그 자신이 혼인처로 선택하였던 명문가 광산김씨가 사람들을 향한 그의 간절한 소원의 강한 표출일 수도 있었다. 이때 신독재 김집은 사계를 이어 기호사림의 종장으로 명망을 얻고 있었고, 허주 김반도 이미 문과에 급제하여 벼슬이 사간에 올라 있었다. 그들과 그 후손들에 대한 기대가 없지 않았을 것이다. 실제로 후일 광산김문의 내외손들은 중앙정계에서 김종서의 신원 및 그 후손들의 녹용과 관련된 조정의 담론에서 상당한 긍정적 역할을 하였다.

이후 순천김씨의 일대기를 모은 『잠소록』에는 한말 고관대작들의 김씨부인에 대한 긍정적 평가가 줄을 이었다. 마침 국운이 풍전등화인 시절이라 의리 정신을 고양하는 일에 대한 공감도가 유난히 컸을 것이다.

그러나 생명이 중시되는 오늘날의 관점에서 보면 '종부절사'는 어떤 형태로든 바람직한 것이 될 수 없다. 다만 우리가 염선재의 절사에서 주목해야 할 것은 그가 절사로 보여준 꿋꿋한 절의정신이다. 김씨부인의 자진은 단순히 '남편이 죽었으니 나도 따라 죽겠다.'는 차원의 종부절사가 아니었다. 오히려 그것은 180년이나 반역 누명을 벗지 못해 원혼이 되었을 조상 김종서의 신원을 이루어내지 못한 후손으로서의 자탄과 또 앞으로 그것이 이루어지기를 바라는 간절한 염원의 소산이었다. 거기에는 또한 그동안 신분을 숨기고 음지에서 살아야 했던 동종의 상처와 명예를 치유 받고자 하는 뼈저린 염원과, 나아가서 반역을 조작한 세력의 불의와 부당을 세상에 밝히고자 하는 염원이 또한 없지 않았을 것이다. 그런 점에서 염선재의 절사는 17세기의 한국정신사에서 새롭게 평가되어야 할 특이한 종부절사였다고 해야 할 것이다.

염선재 순천김씨에 대한 현창을 위해 필자에게 이 책자의 제작을 처음으로 의뢰하여 적극 추진한 것은 염선재 종중이다. 아! 선조의 미덕의 아름다움을 찾아내어 현창하는 것은 옛 사람들이 중시하던 일로써 후손으로서의 마땅한 도리이다. 오늘날 이러한 전통이 급격히 쇠퇴하여 그 진정성이 희박해져 가고 있으나, 광산김문 문원공파 염선재 종중이 정성을 다하여 염선재를 현창하여 타의 모범을 보이는 것은 뿌리 깊은 광산김문의 아름다운 위선사업의 전통을 계승함인가?

끝으로 덧붙이고자 하는 것은 필자가 이 연구를 수행하면서 새롭게 얻은 몇 가지 사실이다. 하나는 사계선생이 두 부인의 아홉 아들들에게 한결같이 나무 목(木)자가 들어간 이름을 지어주었을 뿐만 아니라 이들의 자(字)도 한결같이 선비 사(士)자로 시작하는 이름으로 지어주어 형제들 간의 정체성을 유지하고 '정직한 선비적 삶을 살 것을 주문하였다는 사실이다. 조선시대의 예학자들이 다만 이론적 학문을 하는 데 그치지 않고, 이처럼 가정의 실제 생활에서까지 그 의리를 실천하려 했음은 오늘의 우리에게 시사하는 점이 작지 않다.

또 하나는 염선재 소생의 김구·김규 형제가 송시열 이유태 등과 편지로 교유하였고, 특히 만년의 송시열과 이유태의 화해 시도에 이들이 적극적으로 나섰다는 사실도 주목된다. 이것이 염선재 소생 아들들의 사림적 지위를 알게 하는 하나의 단서가 될 수 있기 때문이다. 또한 송시열이 42세 때 이주하여 살았던 성전(星田, 지금의 유성 학하동)이 광산김문 김영의 묘역과 지근거리에 있고, 김영의 아들 김익견(우암의 문인)이 효종대의 북벌운동기에 '선봉장'으로 천거되었다는 기사도 시사하는 바가 크다. 그것은 효종대 우암의 북벌운동의 과정과 실체를 드러내는 한 가지 단서가 될 수 있기 때문이다. 이상의 내용들은 필자가 이 논문을 작성하면서 새로 발견한 사실들이다. 앞으로 이 분야에 대해서 천착하려는 연구자들에게 작은 도움이 될 수 있기를 기대한다.

부록

- 사계고택 주련(柱聯)
- 창녕 성선생 유허비(김비 글씨)
- 『양성당제영』(김비의 글씨첩)
- 『잠소록』 서문

석담(石潭)[1]을 근원삼아 샘물을 마셔 배를 채우고
천륜을 같이하며 그 의리에 기뻐하네
源石潭而飮河充腹
同天倫而義理怡悅

용모를 우러러 보며 기뻐하는 것은 좋은 옥같이 온윤[2]하기 때문이요
그 자리에 나가서 즐거운 것은 봄바람이 뚫어서 통하기 때문이네
瞻容而悅良玉溫潤
卽座而樂春風洞徹

작은 것이 쌓여서 여럿이 되면 먼저 하고 뒤에 할 바를 알게 되고
원기가 온후하고 인심이 진실하면 큰 밑바탕이 흩어지지 않는다네
寸積銖累知所先後
質實渾厚大樸未散

지극한 덕과 아름다운 행실이 아름답게 몸에 갖추어지면
만 번을 화합하는 수작[3]에도 의리가 일관되지
至德懿行美備於己
萬變酬酢義理一貫

독실하게 실천하는 참된 정성이 오래 쌓이면
날마다 새로운 것이 위로 통달하여 덕이 성하고 행실이 밝아지리라
篤實踐履眞誠積久
日新上達德盛行昉

---

1) 황해남도 벽성군 석담천 중류지역에 있는 석담구곡(石潭九曲)을 말한다. 이곳에 율곡 이이의 강학소가 있었으므로 여기서의 석담은 곧 율곡을 지칭한다.
2) 마음씨가 따뜻하고 몸에 온화한 기운이 있음.
3) 술을 권함.

사계고택 주련(柱聯)

사계고택 주련(沙溪古宅 柱聯)

예(禮)를 연구하여 털끝까지 분석하였고
도(道)를 연구하여 모든 요령을 헤아렸네
곤궁한 곳에 살며 학문을 강구하고 토론하여
참다운 경지를 밟게 되었네
禮析絲毫道絜要領
窮居講討脚踏眞境

충실히 하고 삼가며 굳건히 한다면
넘어뜨리고 때려도 깨지지 않는다네
땅을 지고 있는 듯한 장중하고 혼후한 덕과
화생하는 모습이 바야흐로 무성하네
慤謹積確顚撲不破
地負莊重和容方藹

학문을 이루고 도를 온전히 하여
얼굴은 윤택하고 등에 가득하게 나타났네
봄바람 부는 아늑한 자리에 앉아 있으니
구름은 창밖에 깊네
學成道全盎背粹面
春風座上雲深窓外

계룡산은 높고 크며
두계천은 넓고 조용히 흐르는데
산이 높고 시냇물이 불어나니
바람소리 울려 퍼진다
龍山嵬嵬豆溪溶溶
山高溪漲風聲盼蠻

사계고택 주련(柱聯)

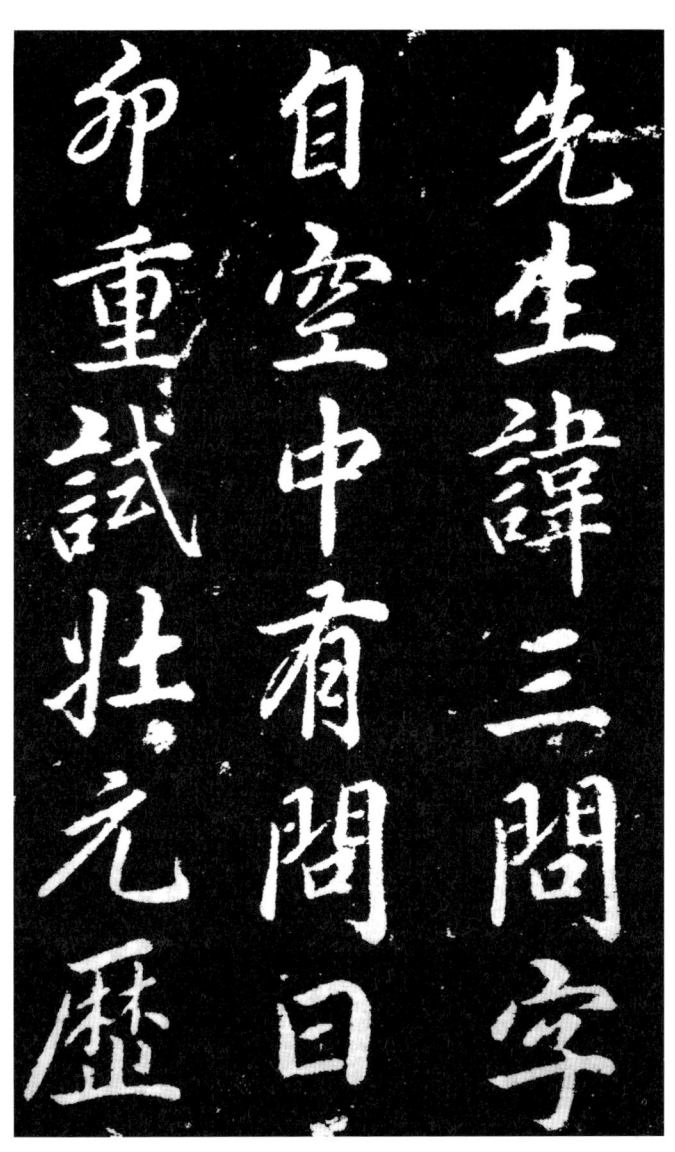

地有一墓而長松生其傍居民指謂兔生一股徇示至縣庭因座于此
而繞令流水云　仁宗朝遜臣有以六臣臺陳達身是連有請襃其節
者　宣廟朝朴先生閔腹之裔邀蒙錄用之命　孝考朝條賁宋公
浚吉石議政李公厚源有祠享之請今　上壬子京中士人南宅夏等
因人得先生神主於仁王山崩崖間謂是先生夫人所目題而奉花者
先生舊宅在洪州者歲久妃甯閔公維重爲監司修葺於崇禎戊申壺
是逸以奉安於其中而洪之章甫詢謀觀察使南公二星洪州牧李公
選汴川守閔侯昀掌令趙公世煥相與立祠作其洞且樹碑以篆其
事公私崇報之義次第無憾矣維此連山之漢陽村者先生別業之遺
址也其束毅里許有古塚自昔縣人尚之以爲先生祖先所藏而其土
田臧獲皆沒于熏府爲一時孤鼠輩兩利而其臧獲等不忘舊恩每歲
秋咸享先生以俚俗爲蓋奉縣自沙溪老先生三世以來鄉里蔚然鄒
魯之俗矣慕先生風義蓋深邃建石于其址蓋懼愈久而湮泯無徵也

嗚呼成仁取義孔孟大訓也沙溪老先生而以爲敎者在是寫今連士
之爲是復蓋夫有所受而亦所以對揚　聖祖明訓也李議政宋叅贊
皆老先生門人而今董石事者洪友同金光老金萬峻也嵒夫先生事
寶頗末則童土尹公舜擧詳具于魯陵志此不復贅云尒

昌寧成先生遺墟碑

崇禎紀元後四十六年癸丑四月 日大匡輔國崇祿大夫議政府左
議政兼領 經筵 世子傅監春秋館事宋時烈記 通訓大夫
行利仁道察訪金槃書
藝文館大提學知成均館事同知 資憲大夫兵曹判書兼弘文館大提學
碑豎後至壬申歲 命復官仍東徒立祠並祀同節五臣及死綏濟將殉義
經筵事金萬基篆

先生諱三問字謹甫 鄒賢九八先生乙亥安靈遂移碑以麗牲
自空中有聞曰生乎如是者三故以爲名 皇明永樂戊戌生于洪州魯恩洞外家將降
卯重試壯元歷事我 世宗文宗魯山三朝 世宗春遇絶異 文宗
與之爲布衣交官至承旨景泰乙亥 世祖受禪 魯山遜于別宮先

生興父摠管公謄及朴公彭年李公塏柳公誠源河公緯地兪公應孚
六先生者皆死之旣而 世祖日彭年三問等當世之亂臣後世之忠
臣 聖訓蓋將明天理以樹民彝佁無窮也漢江南湓有四壕各有小
石只書姓氏世傳是六先生而無其二而其一翰 成氏卽先生也又貞烽

창녕 성선생 유허비 (김비 글씨)

- 소재지 : 논산시 부적면 충곡리
- 연대 : 현종 14년(1673, 계축)
- 撰 : 宋時烈
- 書 : 金棐
- 篆 : 金萬基

膝者矣愚欲以是統遍諗于
老先生後昆而尤欲諗于君
平云時
崇禎紀元之困敦橫艾寒食
日門人恩津宋時烈跋

跋金士輔編錄養性堂詩文

昔余摳衣溪上一日 老先
生指點園林眺覽古事余始
知其三易主而其家初之創
始則終有所不能知也願今

『양성당제영』(김비의 글씨첩)

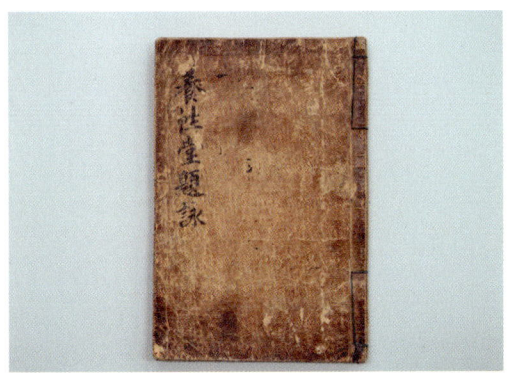

尚遲 褒揚大是吾門欠闕有嗟歎傷盡之教而今
而後吾知其不昧之靈感欣悅懌於陟降寔寔之中
矣小子私幸豈不大哉因拜受而卒業名之曰潛昭
蓋取諸夫人含忍之德乃能俟百有今其猶龍也夫

通政大夫行丞政院左副承旨兼 經筵參贊官德
洙謹書

時不敢聞揚勢耶使然而
未遑之誅天道循環有無徃不復之理幸茲丙午始
蒙 褒奬之典有此 貤贈之恩焉乎無憾呼亦盛
矣族大父社稷令轍鉉氏盖嘗忍痛齋恨追慕深切
旣寧子姓諸人而顧 天竟賴大臣 筵禀而蒙贈
又請銘書篆賁餙墓道又蒐取誌文遺事與銘狀及
蒙 恩顚末編爲一冊子間以示余余嘗服節齋公
貞忠大節風動百世重敬貞夫人卓節高行爲女宗
哲範令於是役豈敢不懺愧乎昔我曾王考承吉公
取燧中舊蹟示小子而言曰金氏懿行卓節如是而

潜昭錄序

嗚呼我先祖文元先生萬曆丙戌遭貞敬夫人昌寧曹氏喪時則文敬公十三歲虛舟公七歲也其嶷孤含恤尚何言哉貞夫人以畏約之蹤根天之孝篤承親戒而八門夫人即節齋金相公六世孫直長公諱秀彥女攝行壺政旣順且正乃晬頖則伸先覮也事係 朝家志而莫就凡於敬君子奉蒸嘗之節靡不用極教子有法御衆以恩化行政舉雍穆以做一家之唐虞乃於癸酉喪関之日告誌家人夫心下從從容就義竟樹卓節莫非我先祖修身正家之化也當

『잠소록』 서문

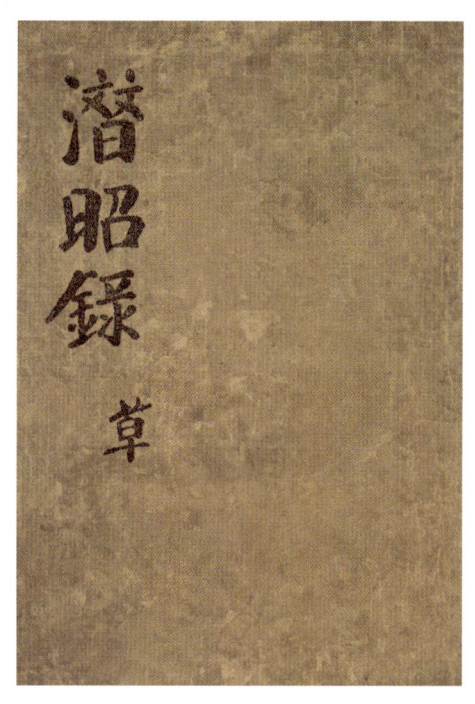

찾아보기

가례집람
83, 90, 129

가례집람도
128

가장(家狀)
118, 149, 162, 167, 168

거의록(擧義錄)
90

경신환국
133

계배(繼配)
19, 68, 122

계유정란
57

계축옥사
71, 83, 84, 87

고종
116, 162, 163, 167, 169, 178

공주 요당
29, 31

광산김씨양간공파보
19

광산김씨판군기감사공파보
21, 125, 126

구봉집(龜峯集)
123

권도(權道)
103, 104

금계필담
56

기준(奇遵)
152

기호학맥
19, 123

김경(金褧)
128, 129, 146

김고(金杲)
122

김구(金絿)
129, 131, 137, 140, 141, 142, 146, 179

김규(金槼)
70, 96, 98, 102, 107, 117, 130, 133, 134, 137, 140, 146, 148, 149, 161, 168, 169

김기연
118, 162, 168, 169

김덕
84, 174

김덕수

120, 167, 168

김도(金燾)
52

김래현
118, 149, 162, 168, 169

김류
27, 88

김만기
125, 177

김반
81, 122, 178

김비(金棐)
21, 85, 125, 143, 144, 146, 177

김수
31, 32, 44, 46, 82

김수언
64, 65, 67, 68, 69, 71, 159, 171

김여물
27

김연규
117, 149, 168

김영(金榮)
126, 127, 134, 146, 177, 180

김운택
157, 158

김윤식
168

김은(金隱)
75, 122

김익견
134, 135, 136, 146, 177, 180

김익량
50, 158, 159

김익훈
133

김장생
50, 68, 74, 76~84, 86, 90, 98, 106, 126, 133, 137, 144, 154, 165, 170

김정(金淨)
114, 115

김종서
26, 27, 29~50, 55~59, 69, 108, 126, 148, 150, 151, 153~161, 167, 170

김종서장군유허비
32

김종한
26, 27, 41

김종흥
41, 50, 53, 64

김진규
157, 158

김집
75, 81, 87, 88, 92, 99, 100, 117, 122, 124, 125, 128~130, 133, 136, 137, 171, 177, 178

김철현
162, 163, 168, 169

김태동
118, 168

김태영
26, 27, 29, 31, 32, 44, 46

김행남
50, 52, 54, 55

낙발설
131, 132, 135

남귀여가혼
29

남양홍씨(홍천목)
64, 65

단경황후
115

단종
19, 27, 40, 41, 47, 56, 57, 70, 150~153, 156, 157, 171

덕은가승
54

돈암서원
91, 92

돈암서원 원정비
92

동춘당 연보
75

두계
70, 84, 96, 102, 129, 131, 133~135, 142, 148

몽유도원도
38, 39

문묘
75, 91, 122, 172

민영규
119, 163, 168, 169

민진후
156, 158

박팽년
38, 39, 49, 51, 151, 153, 155, 157

북벌
34, 135, 146

북벌운동
136, 146, 177, 180

사계고택
84, 86, 174

사계영당
6

사육신의거
151, 152, 155

산림(山林)
19, 88, 89, 99, 122

살제폐모
88

삼년상
37, 105, 107, 108, 114, 177

삼종지도
109, 113

삼현대
75

상례비요
80, 81, 83, 90, 104, 128

상례비요도
102, 128, 129

색난(色難)
66

생정려(生旌閭)

67

성삼문
49

성삼문유허비
22, 125, 144, 145

세종실록지리지
29

송계사
31, 50, 51, 52, 64

송시열
50, 64, 76, 87, 102, 104, 123, 125, 131, 135~140, 144, 146, 180

송씨부인
114, 115, 116

송유
31, 51

송이창
64, 65, 67

송익필
27, 76, 78, 79, 81, 82, 83

송자대전
123, 131, 133

송준길
64, 75, 87, 101, 137, 146, 154, 177

순천김씨 대동보
28

순천김씨 세적총람
27

순천김씨 지평공파보
28, 30, 31

숭례사
92, 93

숭열문
11

승평김씨
52

신독재 연보
124, 129

신수근
115

신원재
125, 175

신후문자
117, 129, 148, 166

쌍청당
31, 51, 52

양성당 제영
21, 102, 104, 125, 143~146

양호호소사
90

여군자(여자 선비)
23, 97

여자 선비(女士)
120

염근리
98

염선재 정려
13, 169

염선재 정려각
12

오륜행실도
112, 113

외명부
166

유사(遺事)
21, 65, 96, 102, 107,
111, 117, 131, 148,
157, 162, 167, 169

윤상연
168

율곡 이이
74, 77~81, 132, 134

율리재
44

은농재
5, 84~86, 174

은진 채운리

53, 54

응도당
92, 94

의례문해
83

이선
153~156, 160

이유태
87, 88, 131, 137, 140,
142, 146, 179, 180

이인직
168

이후원
154, 156

인조반정
27, 71, 86, 88

임상덕
156, 158

임진왜란
27, 65, 71, 81, 82, 83,
128, 145

잠소록(潛昭錄)
20, 21, 22, 111, 116,
149, 166~168, 170,
174, 178, 197

잠소사(潛昭祠)
10, 173

잠소실(潛昭室)
5

장기(長岐)
27

장기(長鬐)
138

전례문답
83, 89

절재선생 실기
67

정몽주
159, 160

정묘호란
90

종묘도
128

종부절사
110, 116, 177~179

중종비 신씨
115

증정부인 순천김씨 실기
21

증정부인 칙명 교지
150, 161, 163,
167~169, 174

직(直, 정직)
123

초려전집
137

충효정려
45

황보인
32, 40, 47, 153, 156,

157, 159, 160

회덕읍지
51

효열(孝烈)
20, 22, 116, 119, 148,
162~165, 171, 172,

176, 178

효열록(孝烈錄)
167, 168

효열문(孝烈門)
9

염선재 순천김씨의 삶과 절행

지은이 　한기범
발행일 　2016년 9월 22일
펴낸곳 　누마루
주　소 　대전 서구 둔산대로117번길 44, 601호
　　　　(만년동, 엑스포오피스텔)
전　화 　042-483-0418

ISBN 978-89-967056-9-7